RENDEZ-VOUS HEUREUX

Lorne Beaudet

RENDEZ-VOUS HEUREUX

Le *bonheur* à votre portée, maintenant !

Les Éditions
de la Francophonie

Couverture :	Nadine Marticotte
Mise en pages :	Robert Charbonneau
Révision :	Dominique Allaire
Production et distribution :	Les Éditions de la Francophonie 55, rue des Cascades Lévis (Qc) G6V 6T9 tél. : 1 866 230-9840 • 1 418 833-9840 courriel : ediphonie@bellnet.ca www.editionsfrancophonie.com

ISBN 978-2-89627-242-6
Tous droits réservés pour tous pays
© 2010 Lorne Beaudet
© 2010 Les Éditions de la Francophonie
Dépôt légal – 4e trimestre 2010
Bibliothèque et Archives Canada
Bibliothèque et Archives nationales du Québec
Dépôt Sartec n° 25698, 5 août 2010

« Je suis maître de mon destin,
Je suis le capitaine de mon âme. »

William Ernest Henley, *Invictus*

Table des matières

Merci encore et toujours

À celles et ceux qui ont été mis sur le chemin de mon éternel voyage et qui m'ont apporté leur lumière,

À ma bonne étoile, ma mère, et à cet ange de douceur qu'était mon père,

À toi ma Reine, mon amour, ma muse, ma lectrice et ma conseillère,

À mon comité de lecture...

André de la première heure, troubadour universel, phare dans la nuit,

Dodo les cœurs, mon guide sur le sentier de l'équilibre, écouteuse, respectueuse,

Lucie de l'eau, source infinie d'inspiration,

Manon mon ange gardien, qui apparaît toujours à la bonne place au bon moment,

Sylvie la bouquine, la vibrante, la mère du temps,

Renée la faiseuse de mots tendres,

À toi Line qui rit encore et toujours, généreuse jusqu'à me porter sur tes bras de lumière,

À Bernadette la fée des miracles, à Lorraine qui repousse l'horizon et à Andrée l'étincelante,

À vous très chères, avec qui j'ai partagé des tranches de vie amoureuse et qui avez toutes été des guides,

Je vous remercie du plus profond de mon être. Je vous dédie ce livre avec tout l'amour que vous avez fait naître en moi.

Lorne

Introduction

QUARANTE ANNÉES d'une vie mouvementée, qui a comporté son lot de maladies, de ruptures amoureuses et de pertes de toutes sortes, m'ont amené à déclarer un temps d'arrêt. À cinquante-cinq ans, après avoir vécu une séquence d'événements particulièrement difficiles qui ont duré deux années et demie, j'estimai que c'en était assez et que je me devais de renverser la vapeur. J'ai donc pris rendez-vous avec le cœur de mon être et c'est à partir de là que j'ai réussi à opérer un virage de 180 degrés en très peu de temps. Depuis lors, mon désir le plus cher est de partager ce que j'ai vécu avec vous, qui avez la même quête.

Si la Vie est un voyage, comme je l'affirme dans ces pages, et que le vôtre est parsemé d'embûches, que la rivière sur laquelle vous naviguez est faite de chutes intempestives, de cascades géantes, de remous et de forts courants sous-marins, ou que vous vous retrouviez comme moi « sur un océan de tempêtes », vous avez sûrement le goût de changer de cap et de naviguer en des eaux plus clémentes, de faire voguer votre navire sur une rivière accueillante et ainsi mener une vie paisible et joyeuse en contemplant les magnifiques paysages qui s'offrent à vous. Puis de revenir à la maison « heureux comme Ulysse... ». Oui, c'est possible.

Aujourd'hui, je vous lance une invitation : je suis votre hôte et je vous accueille dans l'intimité de votre être en passant par l'intimité du mien.

Accordez-vous un temps d'arrêt. Arrêtez ce tourbillon incontrôlé qu'est votre vie et reprenez les commandes de votre navire.

Prenez rendez-vous avec vous.

Voilà assurément le plus beau des voyages.

Bienvenue à bord !

Première partie

Celui qui voyage

* UN *

Rendez-vous manqué

D<small>E TOUT TEMPS</small>, l'être humain se pose de grandes questions existentielles : « Que suis-je venu faire ici-bas, quel est le but de la vie ? Quel chemin dois-je emprunter pour être heureux, quelle est ma mission de vie ? Est-elle reliée aux métiers ou aux professions que j'exerce, suis-je sur terre pour élever des enfants ? Pourquoi y a-t-il tant de barrières, de méandres, tant de souffrances ? Pourquoi dois-je traverser autant d'épreuves ? » En somme, face à la Vie, nous avons l'air d'un enfant de trois ans qui pose constamment des questions dont les réponses suscitent d'autres questions de sa part.

On a souvent entendu dire des nouveaux parents que les enfants n'arrivent pas avec le manuel d'instruction. Transposez ce constat à la vie en général et vous conviendrez avec moi qu'au départ ce n'est pas clair. Nous allons à l'école non pas pour apprendre comment la vie fonctionne, mais pour acquérir des connaissances qui nous permettront un jour de gagner notre vie. Mais pour « gagner » notre ciel, il en va tout autrement ! Autrefois, il y avait les cours de religion, remplacés par les cours de morale. Et les parents essaient de se dépatouiller dans tout cela pour « élever » leurs enfants tant bien que mal en leur léguant certaines valeurs et en agissant comme des guides plus ou moins formés à l'école de la vie. Ils tentent d'être heureux et de rendre leurs enfants heureux.

Car à cette école, l'homme a de tout temps cherché à être heureux. Il en a même fait un objectif de vie. Mais au grand jour de l'examen final, à la question « Êtes-vous heureux ? », la plupart des êtres humains conviendront qu'ils ont échoué dans l'un ou l'autre volet, sinon tous les volets, de ce que je nomme « Le gouvernail du bonheur » : santé, amour, abondance. Certaines personnes auront réussi au niveau professionnel, mais au détriment de leur vie sentimentale et de leur santé. D'autres seront heureuses en amour, mais avoueront franchement que l'argent se fait attendre. Et combien de personnes de notre entourage connaissons-nous qui ont des problèmes de santé ? Sans parler des gens qui ont renoncé au bonheur car, selon eux, ça n'existe pas. Bref, il semble que cette trilogie ait été inventée pour les extraterrestres et que le bonheur soit inaccessible pour les terriens. Être bien dans sa peau constitue assurément le défi du siècle, ou plutôt d'une vie. Il s'agit là, à coup sûr, du plus grand rendez-vous manqué de l'histoire de l'humanité !

Un jour, j'ai eu l'occasion de voir à la télévision de Radio-Canada un reportage dans lequel les journalistes faisaient un sondage « vox pop » dans une grande ville. Ils demandaient à des piétons d'écrire sur une tablette un seul mot qui, selon eux, représente la vie. Serez-vous surpris d'apprendre que les mots en question tournaient autour de « difficile », « stressante », « vache », etc. ? En donnant sa conférence La passion selon Marcel, le comédien Marcel Leboeuf a arpenté le Québec et constaté à quel point il y règne une morosité générale. Je ne sais si cela se reflète à la grandeur du pays ou au niveau mondial, mais il demeure un fait : le Québec détient un triste record. La province a en effet l'un des taux de suicide les plus élevés au monde.

J'ai fait de l'écoute téléphonique au Centre de prévention du suicide pendant quelques années à Québec. Souvent, quand j'avais une personne suicidaire au bout du fil et qu'elle me racontait son histoire, je regardais la ville de la fenêtre du dernier étage où était situé le Centre et je me disais : « C'est incroyable, cela se passe dans une maison comme l'une de celles que je vois. » Lors d'un *talk-show*, j'ai entendu un écrivain raconter qu'il donnait des conférences dans des écoles secondaires du Québec et qu'il demandait aux étudiants d'une classe s'ils étaient heureux. Un ou deux élèves répondaient par l'affirmative. Sa question suivante : « Combien parmi vous connaissez un jeune qui s'est suicidé » ? Soixante-quinze pour cent des élèves levaient la main. Les gens vivent des expériences ahurissantes à faire dresser les cheveux sur la tête. Pourquoi ? Pourquoi tant de souffrance, et pourquoi cette souffrance affecte-t-elle particulièrement le Québec ?

Je me suis longuement posé la question et j'ai observé. J'ai d'abord été l'observateur de ma propre vie. Que se passe-t-il lorsque je traverse une période difficile ? Suis-je vraiment la cause de ce qui m'arrive ou tout est-il programmé à ma naissance ? Puis, j'ai regardé autour de moi. Il semble effectivement que certaines personnes soient nées sous un mauvais jour et d'autres sous un ciel clément, certaines nées pour un petit pain alors que l'argent court après certaines autres. Quelles leçons tirer de ces expériences ?

Puis, je me suis posé la question suivante : si les Québécois en étaient rendus à ce point après avoir délaissé la religion lors de la Révolution tranquille dans les années soixante? Du coup, ils ont mis de côté l'énergie qu'ils consacraient à leur vie intérieure. Dès lors, il s'est produit un clivage: la religion a été remplacée par la vie matérielle, la performance et la réussite à tout prix. La spiritualité, la vie intérieure, est passée par-dessus bord et ce fut le début de la déroute pour un grand nombre. Je l'ai constaté chez moi. C'est dans les moments où j'étais «déconnecté» de moi-même que j'ai vécu les périodes les plus difficiles de ma vie et j'ai remarqué la même chose chez des gens de mon entourage. Est-il juste à ce moment d'affirmer que, si on ne donne pas un sens à sa vie, celle-ci ne va nulle part et qu'il peut survenir toutes sortes de situations non souhaitées? Et que ce qui prévaut à l'échelle individuelle se transpose ensuite à plus grande échelle, à toute une communauté?

En contrepartie, j'ai constaté que, même si certaines gens semblent prédisposées au malheur, elles peuvent faire tourner le vent de bord. Elles en ont le pouvoir. Le fils aîné du bourreau de Beaumont[1] (ville située sur la Rive-Sud de Québec) termine son livre, *Fils de bourreau*, en déclarant: «Si moi je réussis à être heureux, tout le monde peut y arriver». J'ai également entendu une grande brûlée affirmer: «Je ne serais jamais devenue la femme que je suis maintenant si cet accident n'était pas arrivé.» Des voyageurs ont rapporté que les mendiants de Katmandou au Népal quêtent avec le sourire et respirent le bonheur. Des personnes handicapées sont de véritables enseignantes pour les personnes dites «normales» qui

---

1. Pendant les douze premières années de sa vie, Patrick Gosselin a subi les sévices de son père.

les côtoient. Que dire de ce « quêteux » qui partage ses recettes avec ses sœurs et frères « quêteux » parce qu'il a du succès en « affaires » ? Que penser de ce Rwandais qui vit à Québec ? Sa famille a été assassinée devant lui, il n'a plus de parenté, plus de pays, il est sans papier et, pourtant, il resplendit de bonheur parce qu'il lui reste la vie…

À la veille d'écrire ces lignes, j'ai vu un reportage télévisé qui mettait en présence la mère du jeune homme qui a commis la tuerie à l'École Polytechnique[2] de Montréal. La fille de cette même dame s'est suicidée et, malgré tout, la dame en question était rayonnante. Elle aurait pu, compte tenu de ce qu'elle a vécu, se suicider aussi. Son attitude face aux événements que la Vie a mis sur son chemin et le travail de guérison qu'elle a effectué ont fait la différence et elle en est sortie grandie. Elle a écrit un livre qui s'intitule *Vivre*. Et il y a des centaines d'autres témoignages du genre. Vous verrez, plus loin dans ces pages, comment j'ai réussi à faire « virer le vent de bord » en à peine un mois et ce, après deux années et demie de tempêtes au bout desquelles j'ai tout perdu. Je peux également déclarer que « si j'ai réussi à accomplir cet exploit, tout le monde peut faire de même ».

La plupart des gens n'auront pas à vivre de telles expériences, mais avoueront franchement que leur éducation a créé chez eux des comportements tels qu'ils mettent plusieurs années à s'en débarrasser. Combien d'entre vous pouvez affirmer avoir vécu une enfance absolument heureuse et en être ressorti le cœur léger ? Le fait est que nos parents, tout en voulant bien faire, nous ont légué bien

---

2. Le 6 décembre 1989, Marc Lépine pénètre dans l'École Polytechnique de Montréal et abat 14 femmes avant de s'enlever la vie.

involontairement toutes sortes de comportements qui nous rendent la vie difficile. En ce sens, plusieurs d'entre nous passons le premier tiers de notre vie à accumuler des tares psychologiques, le second tiers à travailler pour s'en débarrasser et le dernier tiers à tenter de vivre heureux.

Le bonheur est assurément l'une des notions les plus difficiles à définir, puisque chaque personne en a une conception particulière. Si l'on demande à un individu ce qui le rend heureux, il nous répondra que ce sera de voir ses enfants heureux ; pour un autre, ce seront les petits bonheurs quotidiens, un autre, être à l'aise financièrement, alors que d'autres personnes trouveront le bonheur dans l'accomplissement au travail, dans la prière ou la méditation, ou encore dans l'entraide. On se rend compte, à échanger avec les gens, que la définition du bonheur est multiple.

Mais, s'il ne nous est rien arrivé de particulièrement difficile dans notre vie, on n'a pas l'occasion de vraiment se pencher sur le sujet et nous considérons le bonheur à partir de notre éducation et du mode de vie de la société. En général, on recherche le bonheur ailleurs. Cela se traduit par un amoureux ou une amoureuse, par un bon emploi bien rémunéré en compagnie de collègues agréables, par des enfants en santé dans une belle maison, un repas amusant entre amis et, presque inévitablement, par l'acquisition de biens matériels. On définit également le bonheur en rapport avec le temps : « Je vais être heureux quand j'aurai terminé mes études, quand j'obtiendrai mon nouvel emploi, quand j'aurai ma nouvelle maison, quand je serai en vacances et que je ferai le voyage dont je rêve depuis un an. » Tout cela est très bien, mais nous dépendons à ce moment uniquement d'éléments extérieurs et qui, de surcroît, sont toujours à recommencer. En somme, on s'imagine que le bonheur va de l'extérieur vers l'intérieur, alors que c'est tout à fait le contraire.

Il est reconnu que l'être humain est constitué de trois niveaux principaux. La partie « être » fait référence à notre âme, l'essence de qui nous sommes, ou encore notre Moi supérieur ; la partie « faire » représente notre esprit et ce que nous accomplissons dans cette vie, alors que la partie « avoir » a trait à notre corps et à la matérialité en général.

Ayant abandonné notre vie intérieure, la partie « être », nous avions besoin de trouver un substitut et nous avons alors focalisé sur le « faire » pour « avoir ». Regardez simplement autour de vous. Le « faire » est omniprésent. La plupart des gens accordent une grande importance à leur vie professionnelle et à ce qu'ils peuvent en retirer. La surcharge de travail devient la norme ; pire, on la valorise. Ayant été entrepreneur pendant plusieurs années, j'en sais quelque chose. On m'avait dit, quand j'ai débuté à mon compte, qu'un homme d'affaires doit travailler de nombreuses heures par semaine et ne pas prendre de vacances pendant les cinq premières années. J'ai acheté cette notion et je me suis littéralement défoncé à l'ouvrage.

Le paradoxe dans tout cela est que j'obtenais une large part de contrats parce qu'il en allait ainsi chez mes clients : ils étaient tellement débordés qu'ils finissaient par octroyer des mandats à l'externe afin que leur personnel puisse souffler un peu. Un jour, une cliente s'aperçut, pendant une réunion, qu'une des pigistes travaillant sur le projet lui avait fait parvenir un courriel à 4 h du matin. Wow ! N'est-ce pas fantastique ! Quelle intensité au travail, quel professionnalisme ! Je venais de commencer en affaires et je me disais que je devais faire de même pour épater la galerie et démontrer que j'étais à la hauteur. Je travaillais systématiquement tous les lundis, mardis et mercredis de 9 h à 21 h et souvent les fins de semaine. Sans compter les heures à la maison pendant lesquelles j'avais l'esprit au travail.

Lorsqu'on est salariés, la « cause » de notre employeur devient alors la cause de notre vie. On y pense jour et nuit et les victoires acquises dans le cadre de notre emploi deviennent des victoires de vie, et les échecs des échecs de vie. Nous vivons par procuration notre vie intérieure au travail, nous avons remplacé qui nous sommes par ce que nous faisons. D'ailleurs, lorsqu'une personne en rencontre une autre pour la première fois, la question que l'on entend généralement est : « Qu'est-ce que tu fais dans la vie ? » Elle parle de son travail et la conversation tourne autour des occupations professionnelles de chacune. À ce jour, je n'ai jamais entendu une personne demander à une nouvelle connaissance : « Qui es-tu ? » en la regardant droit dans les yeux. J'ai vécu cela récemment avec une personne que l'on venait de me présenter et je lui ai posé cette fameuse question pendant le souper ; elle est devenue rouge, mauve, écarlate et a failli s'étouffer. Elle ne savait quoi dire. Je me suis rendu compte à quel point il peut être déstabilisant de parler de qui l'on est.

Écoutez les conversations lors d'un souper entre amis. De quoi parle-t-on généralement ? De son équipe de sport favorite, de la pluie et du beau temps (le sport préféré des Québécois), de politique, d'automobiles, de l'actualité et du sujet suprême : les maladies. Tout cela est très bien.

Seulement, ces conversations sont le reflet de ce qui prend place dans notre vie, ou plutôt de ce qu'on choisit d'y laisser entrer, un peu à l'image de la nourriture que nous absorbons. Elle peut prendre différentes formes et différentes saveurs. Elle peut être bénéfique ou nocive pour notre santé.

Et vous, de quoi vous nourrissez-vous ? Quelle est votre principale préoccupation, votre nourriture première ? Si vous étiez sur une île déserte avec une autre personne, de quoi parleriez-vous ? Observez simplement ce que vous faites et ce dont vous parlez et vous le saurez rapidement. Puis, demandez-vous simplement si cela vous rend heureux.

Le « faire » se traduit également par une multitude d'occupations destinées, il me semble, à créer une diversion afin de ne pas avoir à s'occuper de sa vie intérieure. Ces occupations en soi n'ont rien de répréhensible, elles peuvent même être très saines. C'est souvent dans leur aspect excessif qu'il se produit un déséquilibre. J'ai fait un *burnout* il y a une vingtaine d'années et je me souviens très bien de la période qui l'a précédé. Mon travail ne me nourrissait plus, alors je cherchais une motivation à l'extérieur de celui-ci. Que des choses saines : je faisais du bénévolat, je suivais des cours de guitare, je faisais du sport et je m'occupais beaucoup de mes enfants à une époque où leur mère était accaparée par son travail (tiens, tiens !). Résultat : après deux ans de ce régime, mon corps a décrété que c'était assez et il a flanché pour me faire comprendre que trop, c'est trop : finie la compensation !

Alors que nous sommes aux études, nous nourrissons notre esprit, qui est constamment stimulé par les enseignements. Mais dès l'instant où nous entrons sur le marché du travail, on ne lit plus, on ne fait plus de recherche intellectuelle, on n'échange plus avec les autres sur des sujets profonds. Plusieurs heures par semaine sont consacrées à des médias comme la télévision, qui rend notre esprit passif et paresseux. Qui plus est, on ne se sert plus de notre imagination, qui était si fertile alors que nous étions enfants. On ne médite pas. Bref, notre esprit meurt à petit feu.

Quant à l'« avoir », il semble que, de plus en plus, la société nous oriente vers le matérialisme et le plaisir. On recherche le plaisir des sens pour endormir un mal-être et on compense notre vide intérieur par l'acquisition de biens matériels et la multiplication d'activités grisantes. Encore là, je peux parler en connaissance de cause. L'entrepreneur que j'étais méritait bien des gâteries pour tant de travail : une belle voiture, de beaux vêtements, des objets de valeur, de multiples repas au restaurant et des voyages, ces compensations constituant des récompenses, tout en accentuant l'image de la réussite. Bien sûr, on a le droit de se faire plaisir, c'est même un privilège qu'ont les humains. Mais quand ces plaisirs éphémères provenant de l'extérieur deviennent des besoins, ils constituent alors une barrière majeure à l'atteinte d'un état – puisqu'il s'agit bel et bien d'un état – qui s'appelle le bonheur.

On dit : « Je suis heureux » ou : « Je suis malheureux », et non pas : « Je fais heureux » ou : « Je fais malheureux », ou encore : « J'ai heureux » ou : « J'ai malheureux », n'est-ce pas ? Le bonheur n'a besoin de rien pour être heureux, il n'a qu'à *être*. En somme, on le recherche toujours ailleurs et c'est la raison pour laquelle on continue de chercher.

On ne nous a pas enseigné qu'il se trouvait juste là, à l'intérieur de nous. Certains l'ont dit, comme Saint-Exupéry dans *Le Petit prince*, mais il s'agissait là d'une jolie histoire, sans plus, pour beaucoup de personnes. « On ne voit bien qu'avec le cœur, l'essentiel est invisible pour les yeux », disait-il. Dans le même sens, l'auteur-compositeur-interprète Gerry Boulet chantait : « Aujourd'hui je vois la vie avec les yeux du cœur », quelque temps avant sa mort. Des spiritualistes, des philosophes et même des scientifiques se sont penchés sur la question. Albert Einstein n'a-t-il pas déclaré un jour : « Le problème n'est pas l'énergie atomique, mais le cœur des hommes. » Venant d'un aussi grand génie, le commentaire mérite qu'on s'y attarde.

Ces personnes remarquables m'ont inspiré et insufflé le désir de vivre dans le cœur. On verra, plus loin dans ces pages, comment cette pratique a eu une incidence bienheureuse pour moi, au point de provoquer un revirement spectaculaire au moment où le désespoir et la dépression se pointaient le bout du nez.

Sans être un scientifique ni un religieux, je suis passionné par tout ce qui concerne notre séjour sur terre et j'apporte le point de vue d'un grand explorateur et découvreur des choses de la vie.

Tout ce qui est en haut est comme ce qui est en bas,
et tout ce qui est en bas est comme ce qui est en haut[3].

Afin de m'aider à comprendre le pourquoi du comment de ce qui survient dans la vie d'une personne, j'ai mis en relation mes expériences personnelles et celles de quelques proches avec ce principe métaphysique, à savoir que l'on

3. Citation attribuée à Hermès Trismégiste.

doit s'extraire de soi-même pour obtenir les réponses, car elles se situent à un autre niveau. Voilà ce qui m'a guidé dans ma quête ; ce fut en quelque sorte mon « protocole de recherche ».

Mon approche est donc basée sur l'observation de phénomènes naturels, de principes métaphysiques et sur le gros bon sens. J'ai toujours cru que les principes de base de la vie sont simples, mais que l'être humain a le don de les rendre complexes. L'une de ses devises n'est-elle pas : « Pourquoi simplifier quand c'est si facile de compliquer ? »

Il y a, à mon avis, trois raisons pour lesquelles on s'attarde peu à notre vie intérieure. La première réside dans le fait qu'elle est invisible, ce qui ne cadre pas vraiment avec le monde de matérialité dans lequel nous vivons. On ne peut bien sûr nier la matière, notre corps en étant constitué. Il est d'ailleurs beaucoup plus facile de parler de la table qui est devant moi, car je peux prouver qu'elle est là : je peux en effet la voir, la décrire, la mesurer, la toucher, mais je ne peux faire le même exercice pour ma vie intérieure. On sait bien que l'on peut penser, avoir des émotions, des sentiments et des intuitions, mais tout cela n'est pas nécessairement clair.

En ce sens, on accordera davantage de crédit au témoignage d'un scientifique qu'à celui d'une personne parlant de spiritualité. Et voilà la deuxième raison : il y a tellement de points de vue sur ce sujet qu'on s'y perd. Les religions ont bien tenté de faire le consensus, mais certaines des valeurs qu'elles véhiculent contredisent les énoncés d'amour que l'on retrouvait à la base de leur enseignement. Les gens ont repris leur pouvoir face aux grandes religions et ils les ont désertées, non sans raison. Mais le malentendu demeure, car tout un chacun a sa théorie sur le sujet.

La troisième raison vient du fait qu'on attend trop souvent de vivre des moments difficiles pour s'arrêter et faire un retour sur soi.

Il y a une grande confusion à l'origine de notre compréhension du bonheur. On le définit souvent comme étant le but de la vie, alors que tel n'est pas le cas. Ce n'est même pas un moyen pour arriver à un état de félicité. Le bonheur est plutôt une « condition préalable » pour réaliser efficacement tout ce que nous sommes venus accomplir au cours de notre vie.

Difficile à avaler? S'il y a une confusion à propos de la définition du bonheur, c'est qu'on se méprend d'abord sur ce qu'est la vie. Encore là, on confond l'objectif, le moyen et la condition préalable. La vie m'apparaît en effet comme un voyage (le moyen) au cours duquel nous avons diverses aventures – ou expériences – qui nous permettent de revenir à la maison grandis et devenir ainsi des êtres meilleurs (l'objectif). Et pour atteindre cet objectif, il importe de voyager heureux (la condition préalable). Pour illustrer cet énoncé, et puisque la carrière est omniprésente dans notre vie, transposons-le dans un contexte de travail.

Au-delà du salaire, des conditions de travail et de l'atteinte des objectifs, qu'est-ce qui nous rend intrinsèquement heureux au boulot? N'est-il pas juste d'affirmer que nous désirons nous rendre utiles, apprendre, aider nos collègues, avoir un défi et nous dépasser, contribuer à la croissance et à la notoriété de notre organisation, être satisfait de soi, s'accomplir et obtenir de la reconnaissance ? La plupart des employés, et surtout les cadres, qui éprouvent du mécontentement à l'un ou l'autre de ces niveaux, en arrivent à quitter leur emploi. Pourquoi ? Parce qu'ils ne sont pas sortis grandis des mandats qui leur ont été confiés. Ils désiraient se réaliser, être nourris, accomplir quelque chose de grand, bref devenir des êtres meilleurs, et ils n'en avaient pas l'occasion. Voilà la condition préalable. Être heureux d'abord, performer ensuite.

Les expériences de vie prennent différentes formes. Elles sont tantôt heureuses, tantôt difficiles. Cependant, la résultante d'une expérience dite difficile, la souffrance, n'est pas nécessaire, car elle ne fait que retarder le voyageur dans sa quête. Si je voyage en automobile et qu'il m'arrive toutes sortes d'embûches, du genre crevaison, panne d'essence, bris mécanique, tempête de verglas et accident, je finirai par arriver à destination, mais en retard, épuisé et sûrement maussade, sans parler de la voiture accidentée. Et il ne faudrait pas que l'ami à qui je vais rendre visite me demande si j'ai fait un bon voyage !

Mais pourquoi diable devons-nous utiliser un véhicule mal en point pour ensuite voyager dans de telles conditions ? N'aurait-il pas été préférable de faire un entretien préventif de la voiture, d'être prudent au volant et de vérifier les conditions climatiques avant de prendre la route ; en somme, voyager heureux ? Il en va ainsi de la vie. En réalité, nous ignorons tout de sa mécanique, ne connaissons ni les chemins qu'elle veut emprunter, ni sa destination. Nous sommes le passager et ne connaissons pas le conducteur. Au fait, y a-t-il un conducteur ? Qui est maître à bord ? Et où est le manuel d'instruction ? On ne sait rien du bonheur.

Alors que l'exemple énoncé ci-haut peut sembler exagéré, quoiqu'à peine pour certaines gens, voici un scénario plus standard. La plupart des personnes qui partent en voyage d'affaires ou d'agrément planifient ce voyage. Elles choisissent une destination, ajustent leur horaire, sélectionnent des vêtements, réservent un hôtel. Bref, même si elles partent à l'aventure, elles font un minimum de planification. Si la vie est un voyage, comment se fait-il alors que l'on ne fasse pas le même exercice ? Tout simplement parce qu'on ne l'a pas appris, personne avant nous ne le savait vraiment. La Vie se charge donc de mettre sur notre chemin des situations pour que l'on prenne un temps d'arrêt afin de comprendre et d'apprendre. Car, après avoir essuyé une tempête, le capitaine du bateau reviendra à son port d'attache, prendra le temps de faire nettoyer le navire et de faire réparer les avaries avant de reprendre le large.

Et, pour la plupart d'entre nous, c'est au moment où l'on vit une peine d'amour, où l'on perd un être cher, où la maladie frappe, où l'on est à la veille de mourir, que l'on s'arrête pour se tourner vers l'intérieur, vers les choses du cœur. Les expériences difficiles ne sont donc pas nécessaires – nul n'est obligé d'apprendre à la dure, comme cela m'est arrivé –, mais peuvent être grandement utiles pour nous éveiller, nous apprendre à prévenir pour bien voyager, nous faire cheminer pour devenir des êtres meilleurs. En somme, le bonheur permet au voyageur de poursuivre son périple et d'atteindre sa destination de façon plus agréable et, conséquemment, plus efficiente. Chaque personne a donc un choix à faire: avancer dans la facilité (le bonheur) ou faire des efforts, se battre et vivre toutes sortes de montagnes russes émotives pour arriver à destination.

De plus en plus de gens concèdent qu'il n'y a pas de hasard, qu'il n'y a pas de coïncidences. Mais quand on fait référence à cette notion, on pense à des choses heureuses. «Ce n'est pas un hasard si je rencontre mon ami Pierre aujourd'hui, car je pensais justement à lui.» Sauf que l'on ne s'aperçoit pas que ce principe fonctionne dans les deux sens, non seulement pour les situations intéressantes, mais aussi pour celles que l'on qualifie de «problématiques». Une expression populaire dit que «la vie est bien faite» et une autre affirme que «rien n'arrive pour rien». Rien de plus vrai! Mais encore là, on associe ces expressions uniquement à des événements dits «heureux». Lorsque les moments difficiles se présentent, on ne dit plus que la vie est bien faite, on dit plutôt que c'est la faute d'une autre personne, ou que l'on a couru après («Qu'est-ce que j'ai fait au bon Dieu?») ou: «Pourquoi moi?» ou encore: «C'est mon karma.» Les personnes qui ont fait un cheminement intérieur posent la question: «Qu'est-ce que j'ai à comprendre, qu'est-ce que la Vie veut me montrer, qu'est-ce que j'ai à régler?»

En fait, tout est là. Alors que nous avons tendance à percevoir les situations difficiles comme étant des trouble-fête dans notre voyage, on devrait plutôt les examiner par l'autre bout de la lorgnette et rechercher ce que la Vie veut nous faire comprendre. Elle veut nous enseigner quelque chose et comme on ne s'est pas arrêté par soi-même, elle se charge de le faire de la belle façon. La meilleure démonstration de cela réside dans la répétition de situations semblables comme, par exemple, une personne qui attire toujours le même type de conjoint qui ne lui convient pas. Cela n'a rien d'agréable, nous le reconnaissons. Mais la Vie met sur notre chemin des personnes et des expériences destinées à nous faire cheminer et à régler une telle situation. En ce sens, rien n'est inutile. Tout ce qui nous arrive a sa raison d'être. Le fait est que chaque personne croisant notre route pour une période plus ou moins longue, que ce soit un ami, un parent ou un amoureux, se trouve là pour une raison précise. Plus la situation est difficile, plus nous franchissons des étapes importantes de notre voyage intérieur et plus une personne nous fait travailler, plus il s'agit d'un ÊTRE qui nous aime (même si l'on ne s'en rend pas compte), car dans chacun des cas, le but recherché est atteint, soit de nous faire grandir.

Je suis l'un de ces voyageurs à qui la Vie a offert des temps d'arrêt.

* DEUX *

Le grand départ

Jusqu'à ce que mes parents se séparent, alors que j'avais 14 ans, j'ai vécu une enfance heureuse. J'étais fils unique et, chose rare, j'étais apparu après quinze années de mariage. Pour ma mère, j'étais un miracle. Et cela se voyait quand, des années plus tard, j'allais la visiter. J'arrivais dans la pièce et ses yeux s'illuminaient : son « miracle » venait d'arriver. Je ne manquais pas d'amour. Je me souviens que mes parents me prenaient dans leur bras et que l'on faisait un câlin à trois. Et j'avais plein de jouets. Souvent, je devais les mériter, par exemple « avoir zéro faute » dans ma dictée pour qu'un wagon s'ajoute à mon train électrique. Les « ma tantes » trouvaient que j'étais gâté, mais je ne le voyais pas de cette façon. Mes jouets devenaient une occasion de partage avec mes amis et mon monde était rempli d'Indiens, de cow-boys et d'agents secrets.

Nous vivions ce que l'on pourrait appeler le parfait bonheur. Mon père était mon héros. Encore aujourd'hui, je demeure admiratif, car il connaissait tout et il excellait dans tout. Il était bon en français, en mathématiques, en mécanique, en histoire, en géographie et il était parfaitement bilingue. En fait, il était autodidacte ; il lisait constamment les journaux et des revues comme le *Times* et le *National Geographic*. Jeune, il aurait bien aimé être chirurgien, mais ses parents n'avaient pas les moyens de lui payer des études universitaires. Il a donc appris différents métiers dans l'armée. C'est d'ailleurs là qu'on lui a enseigné l'anglais. Il a toujours été très exigeant envers lui-même et il se lançait des défis de taille. Lorsque lui et cinq de ses amis sont débarqués en Ontario pour une immersion dans la langue de Shakespeare, il leur a dit : « À partir de maintenant, et pour tout le temps où nous séjournerons ici, je ne parle pas un mot de français. » Et c'est ce qu'il fit. Comme si cela n'était pas suffisant, il a traduit, pendant cette période, le livre de H. G. Wells, *The Outline of History*. Ce travail ne faisait pas partie des cours ! Il le traduisait et s'assurait de bien comprendre chaque mot et de rendre chaque phrase dans une tournure digne des grands auteurs. Parmi ses multiples talents, il dessinait et il peignait. Je me souviens des longues soirées d'hiver où, après avoir terminé mes devoirs et mes leçons, j'allais l'observer peindre dans son studio pendant qu'il sifflait. Quelle musique magnifique, que de beauté, quel bonheur !

Et cet homme, ancien combattant, était la douceur même. Je n'oublierai jamais la fois où, quelques années plus tard, j'ai failli perdre un pouce après m'être coupé sur un banc de scie. Je demeurais à cette époque près de chez lui et j'allais le voir pour qu'il change mon pansement. Il le faisait avec tant de douceur, cela me fascinait. On me dit que j'ai cette même douceur et je remercie la Vie qu'il me l'ait transmise.

Mon père était directeur des ressources humaines. Il y a quelques années, j'ai eu l'occasion de rencontrer un homme qu'il a dirigé et qui m'a raconté comment il était aimé et respecté. De toute évidence, avec mes yeux d'enfant, je le voyais comme un homme parfait. Tout un défi de lui plaire! Un jour, il m'a donné un pinceau et le matériel nécessaire pour faire une peinture. Je devais reproduire un paysage tout simple, une scène d'hiver: des arbres sans feuille, de la neige et de l'ombrage. Et je n'ai pas réussi, je n'avais aucun talent pour la chose. Ma tristesse était sans bornes, car je décevais mon père, lui qui excellait en tout et qui m'aidait à tous les niveaux. Bien sûr, il n'en a pas fait de cas, mais j'étais inconsolable, je n'avais pas été à la hauteur. Plusieurs années plus tard, je me suis mis à jouer de la guitare et à chanter. Pour moi, ce talent, bien que limité, compensait en quelque sorte mon inaptitude en dessin.

Ma mère était la beauté même, une actrice d'Hollywood. Elle avait un sourire magnifique et ses amis l'adoraient. J'ai reçu tant d'amour d'elle, elle était ma bonne étoile. Elle nous aimait et nous chérissait de tout son cœur. Comme la plupart des femmes de cette époque, elle n'avait pas un emploi à l'extérieur. Elle s'occupait de sa petite famille et de la maison, jouait au bingo avec des amies et prenait soin de notre vie spirituelle, enfin de la mienne et de la sienne. Elle était religieuse pratiquante et j'ai grandi dans la religion catholique avec tout ce que cela comporte de prières du soir et de messes du dimanche.

La religion ne me passionnait pas vraiment. Comme la plupart des enfants, je considérais cela comme une obligation. Cependant, j'aimais aller à la messe, non pas pour ce qu'il s'y passait, mais parce que c'était l'occasion pour moi de « m'évader ». Mon esprit s'envolait littéralement. Je ne prêtais pas attention à ce que le prêtre disait, surtout à l'époque où c'était en latin. Ainsi, le sermon me permettait d'être ailleurs, de rêver. Enfant, je songeais à mes jouets, à mes amis, à ce que l'on ferait après la messe. Plus tard, je composais des poèmes, je pensais à la voisine que je trouvais de mon goût, je m'imaginais ailleurs. J'étais dans mon monde et il était rempli de merveilles. Je crois que les vibrations de l'église m'inspiraient. Même si, plus tard, j'ai délaissé la religion, j'ai toujours considéré ma vie intérieure aussi importante, sinon plus, que les choses que l'on « fait ». Voilà ce que ma mère m'a légué de plus précieux et je l'en remercie de tout cœur. Elle m'a communiqué son amour et m'a appris, peut-être sans le savoir, les fondements de l'Amour universel.

Nous vivions le parfait bonheur, disais-je. Oh ! bien sûr, il y avait ces peines qu'un enfant peut avoir à l'occasion, mais ce qui m'embêtait, c'était d'entendre mes parents discuter en élevant le ton lorsqu'ils avaient un différend. Dans ces moments-là, ils parlaient en anglais pour m'éviter de comprendre. Puis, ces discussions sont devenues de plus en plus fréquentes et je sentais la peine qui les habitait. Un jour, alors que l'échange avait été plus houleux qu'à l'habitude, mon père décida de sortir de la maison, question de changer d'air, et il m'emmena. Nous roulions sur une route de campagne vers nulle part quand il arrêta subitement la voiture sur l'accotement, mit ses mains devant son visage et pleura ce qui semblait être toutes les larmes de son corps. Je n'avais jamais vu mon père pleurer auparavant et, même là, je ne pouvais le voir, car ses mains cachaient ses yeux. Je me sentais désemparé et inutile, ne sachant que faire. Cet incident me marqua profondément et, comme j'allais le découvrir plus tard, eut une conséquence que je ne pouvais évidemment pas soupçonner à l'époque.

Mes parents se sont séparés en douceur, ou plutôt en « longueur », sans m'informer qu'ils avaient pris la décision de ne plus faire route ensemble. Mon père alla travailler à Fort Churchill, au Manitoba. C'était loin du Québec, mais il devait venir nous visiter souvent. Comme il avait changé d'employeur à quelques reprises par le passé, je trouvais cette situation en quelque sorte normale, mais j'étais quand même peiné par la distance qui allait nous séparer. Au même moment, ils prirent la décision de déménager à Québec. Bien qu'il me fallût me séparer de mes amis, ce changement était amoindri car il constituait un retour aux sources. J'étais né à Québec, la majorité de notre famille s'y trouvait et nous allions souvent lui rendre visite. Nous avions quitté la ville peu après ma naissance.

Peu à peu, à travers le désarroi de ma mère, j'en vins à comprendre qu'il se passait quelque chose de grave. Il y avait toujours une raison pour que mon père annule une visite à Québec. Elle finit par m'avouer qu'ils s'étaient séparés. Elle était inconsolable. Elle l'aimait encore et n'acceptait pas la séparation, chose par ailleurs en désaccord avec la religion catholique. Elle avait dû se trouver un emploi, peu rémunérateur, pour compenser la trop petite pension alimentaire de son ex-mari. À Boucherville, nous vivions dans une grande maison où j'avais ma propre salle de bains. Mes amis étaient ébahis, mais pour moi c'était normal. Quand on est enfant, ce sont l'amour de nos parents et nos amis qui importent; le reste, en avoir beaucoup ou peu, est secondaire. Mais pour cette génération qui a vécu les deux guerres et la crise de 1929, il en allait tout autrement. La réussite professionnelle, l'acquisition de biens matériels, le confort, tout cela compensait le lot de plusieurs années de vaches maigres dans leur jeune temps. Je me souviens, après leur séparation, de ces dimanches après-midi où ma mère et moi allions nous promener dans les quartiers chics en banlieue de Québec, pour « voir les belles maisons ». « As-tu vu celle-là ? Comme il serait bien d'y vivre. On y serait heureux toi et moi. » Je m'en foutais éperdument de demeurer dans « ces belles maisons », loin de tout. C'est à ce moment qu'elle m'a transmis, ou plutôt que j'ai capté et enregistré, les notions de manque et de besoin.

Pour ma mère, c'était la catastrophe. Nous vivions dans un petit appartement à Québec, elle avait dû effectuer un retour sur le marché du travail et elle était inconsolable. La seule personne sur qui elle pouvait compter s'avérait son fils de 14 ans ! J'étais le centre de son existence, sa source de bonheur, sa raison de vivre. Je ne le voyais pas à l'époque, mais je remplaçais en quelque sorte mon père. Elle avait peu d'argent, mais m'achetait tout de même de beaux vêtements, car il fallait être fier, disait-elle. Au début, je trouvais cela normal, quoiqu'un peu exagéré, mais j'en suis venu à me sentir étouffé par tant d'attention. C'en était trop. Après quelques années, j'en vins à suffoquer, je manquais d'air au sens physique du terme. Quand j'allais chez des amis ou dans un lieu public, je pâmais et je devais sitôt rentrer. Puis, je me suis mis à avoir des contractions à l'abdomen. Ma mère m'amena chez le médecin, ou plutôt chez une panoplie de médecins dont, en dernier recours, un neurologue qui me mit ses électrodes sur la tête, diagnostiqua je ne sais trop quoi, puis me prescrivit des Valiums.

Je n'avais jamais été vraiment malade auparavant, sauf pour ce qui est des maladies « normales » d'enfant. Je devais avoir autour de seize ans quand les Valiums entrèrent dans mon corps. Je me souviens encore très bien de l'effet : j'étais comme un zombie, je n'avais plus le goût de rien faire et ma chambre tapissée d'affiches tournait et tournait et tournait. Quelle sensation désagréable ! Je fouillai au fond de moi, avec ce qui me restait de «cocologie» pour tenter de comprendre ce qui m'arrivait. À l'époque, j'étais très proche d'un de mes cousins plus âgé. Il m'expliqua que ma relation avec ma mère m'étouffait et que la cause de mon mal-être se trouvait là.

Bon. On fait quoi à présent ? Je me suis dit que, si les docteurs ne pouvaient rien pour moi, j'allais donc le faire seul. Je pris la boîte de Valiums et la jetai à la poubelle, déterminé à m'en sortir par mes propres moyens. Je me souviens vaguement de la suite, mais après quelque temps, tous les symptômes avaient disparu. Pour la première fois de ma courte vie, je m'étais guéri moi-même.

TROIS

Le vent se lève

COMMENT en suis-je arrivé à lancer un chaudron au bout de mes bras, moi qui ne fais jamais de colère ? Dans un geste surgissant du plus profond de mes tripes, j'exprimais tout le désarroi qui m'habitait. Carole venait de me signifier la porte après trois années de vie commune. J'avais revu, dans un voyage d'affaires à Montréal, une brunette que j'avais connue quelques années auparavant. Il ne s'était rien passé d'autre qu'un baiser, mais j'étais chaviré. J'avais tout raconté à Carole à mon retour.

Carole et moi nous étions connus alors que je montais un spectacle. Je chantais et elle était la directrice musicale ainsi que la pianiste de notre quatuor. Je commençais au même moment à fréquenter la brunette, qui vivait elle-même la fin d'une séparation, mais en côtoyant Carole, nous en sommes venus à développer une belle complicité, tant sur le plan artistique que sur le plan personnel. Nous avions beaucoup d'affinités, un vécu semblable et la même quête en regard de notre vie intérieure. Deux mois après notre première rencontre, j'obtins un nouveau travail près de sa maison et elle m'invita à aller demeurer avec elle et ses deux garçons. Je trouvai l'idée bonne et j'emména-geai aussitôt. Nous nous étions dit que, si la chimie n'opé-rait pas, il serait toujours temps pour moi de me trouver un autre logis. Pendant trois ans, je n'avais pas revu la brunette.

Ce jour-là, après que j'eus lancé le fameux chaudron, j'implorai Carole de revenir sur sa décision et de me garder avec elle. Je lui dis que je n'éprouvais pas d'amour pour l'autre femme, que ce n'était qu'une attirance physique, que je m'étais trompé en n'écoutant pas mon cœur, que, que, que… Rien à faire, elle me demanda de quitter la maison. Je regrettais de tout mon être ce que je venais de lui faire subir. Je trouvai refuge chez l'un de mes amis, mais je continuai à la harceler, à l'implorer pour qu'elle me reprenne, tant et si bien qu'elle finit par céder. Je revins une semaine plus tard. Le lundi suivant, je retournai au travail.

Quand j'entrai au bureau ce matin-là, j'eus une étrange impression de déjà vu. J'avais vécu le début de ce *burnout* quelques années plus tôt dans des circonstances similaires – c'était un lundi matin –, et je me voyais revivre le même phénomène. Cette fois, ce n'était pas de la fatigue, mais une douleur intense partout dans le corps, une sensation de brûlure en dessous de la peau et dans les muscles. Je ne savais trop ce que c'était et je consultai différents médecins. Comme cela arrive souvent en médecine lorsque les tests s'avèrent négatifs, on nous prétend en bonne santé jusqu'à ce qu'un toubib lâche le verdict fatal : fibromyalgie. Ça mange quoi en hiver ? Les médecins ne savent pas trop. Ils connaissent plus ou moins la cause. Il y a bien une médication qui, comme la plupart des médications en médecine traditionnelle occidentale, soulage mais ne guérit pas et entraîne des effets secondaires. Je ne pris jamais ces pilules.

Plus le temps avançait, plus j'avais mal. La douleur était si intense que, le soir avant de m'endormir, je pleurais. Je ne pleurais pas parce que j'étais malade. Ça pleurait tout seul tellement j'avais mal. Outre la sensation de brûlure, j'avais des points dans les mollets qui ressemblaient à des crampes. Mais le plus douloureux s'avéraient ces douleurs névralgiques qui m'habitaient constamment. Je pouvais endurer le reste, mais pas celles-ci qui, de surcroît, siphonnaient mon énergie. La fatigue était devenue une seconde nature. J'avais de la difficulté à faire mes journées. Je travaillais dans une salle de spectacles comme responsable de la programmation et des communications. Un travail très demandant pour toute personne normale, mais combien exigeant pour un fibromyalgique. Je ne voyais pas le bout du tunnel et, à ce moment-là, je ne savais pas si seulement le tunnel avait une fin.

Qui plus est, ma relation avec Carole stagnait. Elle avait accepté que je revienne à la maison, mais n'avait pas vraiment digéré l'épisode. Elle demeurait sur ses gardes. Je devais en quelque sorte démontrer que mon intention était pure, mais j'en étais incapable. Nous vivions une relation ami-amant sans nous l'avouer vraiment. Nous en parlions à l'occasion, mais il nous semblait plus facile de glisser le sujet sous le tapis que de se séparer à nouveau. J'oubliais nos anniversaires, je ne mettais pas de magie dans notre couple. Elle se considérait comme un bibelot et elle avait raison.

Nous avions une amie acupuncteure et j'entrepris des traitements pour soigner la fibromyalgie. Elle demeurait à Thetford Mines et je faisais l'aller-retour une fois par semaine. Deux randonnées de 75 minutes chacune toutes

les semaines pendant deux ans. Les traitements me faisaient le plus grand bien. L'acupuncture a éliminé 80 %
du mal. Je n'avais plus de points dans les jambes ni de
douleurs névralgiques et je retrouvais graduellement mon
énergie.

Pendant ce temps, Carole était devenue thérapeute et
elle avait ouvert une clinique à la maison. Elle recevait
des enfants, qui constituaient la moitié de sa clientèle. Elle
pratiquait la manupuncture, une technique merveilleuse
qui utilise le magnétisme pour travailler des points d'an-
crage situés à l'extérieur du corps. J'entrepris donc, avec
ma conjointe, une thérapie qui dura quatre ans. La situation était assez particulière, en ce sens que la personne qui
faisait partie intégrante du scénario – car il était évident
que la maladie s'était déclenchée après le choc émotif
vécu lorsque j'avais lancé le fameux chaudron – devenait
ma thérapeute. Cependant, lorsque l'heure du traitement
arrivait, elle chaussait ses souliers de patricienne et moi
ceux de patient, laissant de côté nos rôles de conjoints.

Je suivais les traitements quand je me sentais prêt. La
grande difficulté résidait dans le fait que je ne voulais pas
aller déterrer des émotions enfouies. Pour moi, comme
pour bien des gens, émotion égale douleur et, chaque fois
que la thérapeute me posait une question sur mon passé,
je répondais invariablement : « Je ne peux pas voir. » Lors
d'une séance, elle décida d'aller voir pourquoi je ne pouvais pas voir.

– Parce que c'est caché, répondis-je.

– Qu'est-ce qui est caché, demanda-t-elle.

– Ils parlent en anglais et je ne peux les comprendre. Et puis, les yeux de mon père... Je ne peux pas le voir pleurer.

Et voilà. Ce fut le début de mon retour vers la santé. En ayant identifié la source du blocage, tout finit par s'éclaircir et la suite en fut facilitée. Pendant les séances, j'en vins à m'inventer un personnage, un guerrier. Une sorte de héros sans peur et sans reproche, qui arrivait à vaincre tout ce qui se trouvait sur son chemin. Ce personnage, que je baptisai mon « guerrier guérisseur », m'aida tant et si bien qu'au bout de neuf années la fibromyalgie finit par disparaître complètement. Pour la seconde fois de ma vie, je m'étais guéri.

* QUATRE *

Sur un océan de tempêtes

ALGRÉ cette relation ami-amant, nous avions une vie riche. Carole était en quête perpétuelle. Elle désirait plus que tout devenir un être meilleur. Elle travaillait sur elle constamment en enlevant pelure d'oignon après pelure d'oignon et elle m'a transmis le goût d'adopter cette démarche. Souvent, ce n'était pas facile, car ses « bibittes » venaient jouer dans les miennes et vice-versa. Mais nous persistions. Parallèlement à ce travail sur soi, nous poursuivions un cheminement spirituel, cheminement que j'avais interrompu avant de la connaître. Dans ma période post-adolescence, j'étais attiré par les livres de Lobsang Rampa, puis par *La vie des maîtres*. Curieusement, c'est à la suite de la lecture de ce livre que j'ai pris la décision de me couper de moi-même, de me « déconnecter ». J'étais célibataire à cette époque et je ne pouvais concevoir la coexistence du sexe et de la spiritualité. Quand on est célibataire, notre vie sexuelle est différente de celle d'un couple établi et je ne pouvais me pardonner cet écart. Vivant encore de la culpabilité provenant de mon éducation judéo-chrétienne et de sa position en regard de la sexualité, je me suis mis face à un choix : la sexualité l'emporta au détriment de la spiritualité. Carole me ramena graduellement sur la voie spirituelle et ce fut pour moi l'un des plus beaux cadeaux qu'elle m'ait offert. Je la remercie pour tout et particulièrement pour cela. Je repris donc contact avec moi-même et, grâce à nos échanges, je devenais un être meilleur et je progressais rapidement.

Nous nous étions créé un cercle d'amis qui vivaient tous la même quête. Nous étions sur la même longueur d'ondes, avions les mêmes intérêts et partagions des moments très intenses en méditant, en faisant des voyages initiatiques ou en chantant.

Un soir de février 2004, je rentrais du travail et elle pleurait sur le divan. Nous avions touché à plusieurs thèmes au fil de notre relation et, à ce moment-là, nous travaillions le thème de l'authenticité.

— Qu'est-ce que tu as, demandai-je.

— M'aimes-tu vraiment, lança-t-elle. Réponds-moi franchement.

Elle venait de ressortir au grand jour ce que nous cachions sous le tapis depuis plusieurs années.

— Je t'aime bien, dis-je, mais je ne crois pas que ce soit l'amour avec un grand A.

Nous nous sommes séparés après quinze années de vie commune. Elle ferma sa clinique et quitta presque instantanément Québec pour aller s'installer en banlieue de Montréal, là où se trouvait sa famille. La maison fut vendue et nous en tirâmes un bon profit.

Pendant ce temps, la santé de ma mère âgée de 91 ans ne cessait de se détériorer. Mon père était décédé quelques années auparavant et j'étais à la veille d'être orphelin. Carole avait quitté la maison en février et je devais à mon tour déménager pour le 30 avril au midi. Trois semaines auparavant, je me fis une entorse lombaire et je fus incapable de faire des boîtes et de mettre en œuvre tout le branle-bas de combat que commande une telle opération. Après deux ou trois traitements que me donna mon ami « ramancheur », je pus recommencer à travailler, mais seulement trois jours avant la date ultime, alors que l'hôpital m'appelait constamment pour me rendre compte de l'état de santé de ma mère, qui s'aggravait de jour en jour. La fin était imminente. Je devais avoir de l'aide d'un ami pour le déménagement, mais il n'a pu se présenter, tant et si bien que le nouvel acheteur arriva avant que je sois parti et il dut faire descendre ses meubles sur le terrain devant la maison. Cela faisait deux jours que je n'avais pu aller rendre visite à ma mère. Le médecin de garde me laissa un message à l'effet qu'elle n'en avait plus que pour quelques heures. Je terminai mon déménagement tard le vendredi soir, complètement épuisé et déterminé à aller à son chevet à compter du samedi matin. Elle décéda pendant que je me rendais à l'hôpital ce matin-là. J'étais découragé et le regard accusateur du personnel de l'hôpital ajoutait à mon désarroi.

Je venais de vivre en l'espace de quelques mois une séparation, le décès de ma mère et un déménagement plutôt houleux. Quand une telle séquence se produit, on se dit que cela est rare, que les circonstances en ont voulu ainsi et que l'on n'est pas prêt de revivre cela. En fait, cette année-là, j'eus une autre relation amoureuse à l'été, qui prit fin à l'automne, et je déménageai deux autres fois. Et ce n'était pas terminé.

Quelques mois auparavant, j'avais placé tout l'argent que je possédais dans ce qui était censé être l'affaire du siècle. En vendant la maison, j'ai mis toute ma part de profit dans ce même investissement. Notre cercle d'amis avait aussi investi dans cette super « opportunité ». L'affaire consistait en l'achat d'actions d'une compagnie qui devait être vendue dans les quatre mois suivants, actions dont la valeur allait être multipliée par vingt. Vous rendez-vous compte ? J'allais devenir millionnaire ! Les actions avaient été acquises d'un individu qui les détenait depuis plusieurs années et qui avait, disait-il, des informations privilégiées sur les affaires de la compagnie.

À cette époque, j'étais à mon compte en tant que gestionnaire d'événements. J'avais travaillé fort toute ma vie et je continuais à bosser plusieurs heures par semaine. J'avais un complexe, car j'étais sans diplôme et il me fallait prouver au monde que j'étais quelqu'un. Mes réalisations, ainsi que les heures travaillées, compensaient en quelque sorte l'absence de papier officiel. Il est vrai que cela faisait mon affaire car, compte tenu de ma relation avec Carole, le travail devenait également une fuite. Mon entreprise constituait ma raison de vivre et je m'y donnais corps et âme.

À compter du moment où j'ai pensé que j'allais devenir millionnaire, je ralentis la cadence. Je traînais une fatigue de longue date et le retour sur mon investissement tombait pile. J'avais donc moins de revenus et je manquais de liquidités pour payer mes impôts de l'année précédente. J'empruntai même sur mes marges de crédit personnelle et d'entreprise, ainsi que sur mes cartes de crédit, pour investir le maximum d'argent et pouvoir en retirer le maximum. Comme je faisais principalement des mandats ponctuels, tels que des inaugurations, des ouvertures officielles et des anniversaires d'entreprises, il me fallait démarcher constamment pour obtenir ces mandats. Je cessai de faire de la prospection et me concentrai sur la gestion d'un petit festival, contrat qui ne pouvait suffire à lui seul à me faire vivre, à payer mon employée et tous les frais de bureau.

Il m'arrivait de douter, mais je chassais aussitôt ces pensées, me disant que la personne qui nous avait vendu les actions était digne de confiance, étant donné, notamment, que nous étions environ 800 investisseurs embarqués dans ce bateau. Un jour, l'un de mes amis, qui avait investi lui aussi, m'appela et me fit part d'une conversation téléphonique qu'il avait eue avec le président de la compagnie émettrice des actions. Il était allé à la source et il m'offrait de faire un voyage au siège social de cette compagnie avec lui afin de rencontrer ledit président, ainsi que le vice-président responsable des relations avec les actionnaires. Nous sommes tombés de haut : rien de ce qui nous avait été dit n'était vrai. Ils ont tout démenti. Notre rêve s'écroulait. Je venais de dire adieu à la richesse et je me retrouvais au contraire avec 50 000 $ de dettes. Puis, le festival dont j'assumais la gestion se trouva en difficultés financières et dut suspendre temporairement ses activités. Je venais de perdre mon unique contrat.

Cet homme qui nous avait vendu ses actions avait un immense pouvoir d'attraction, tant et si bien que le cercle d'amis que j'avais avec Carole déménagea dans la ville où résidait l'homme en question, en banlieue de Montréal. Pour moi, les amis que nous avions alors que nous étions en couple devaient rester mes amis, mais il n'en fut pas ainsi. Ces personnes faisaient confiance à l'homme aux actions et disaient que c'était moi qui errais, que la compagnie n'avait pu être vendue aussi vite que prévu et ce, pour toutes sortes de bonnes raisons. Et ils coupèrent définitivement les liens avec moi. Je me rendis compte pour la première fois à quel point l'argent influence le comportement des gens. Dans cette aventure, j'ai donc perdu plusieurs amis d'un seul coup, incluant mon meilleur ami. Je me sentais vraiment seul au monde.

Pendant cette épopée, qui dura un peu plus d'un an, je connus Sylvie, dont je tombai éperdument amoureux. Voyant mes difficultés, elle m'offrit d'aller demeurer chez elle et d'y installer mon bureau. Je n'avais plus mon employée et cela me plaisait vraiment. J'allais refaire ma vie amoureuse et professionnelle. C'était une belle grande brune aux yeux bruns, mon type de femme ! Après quelque temps, elle s'aperçut qu'elle n'était pas vraiment en amour, mais compte tenu de ce que je vivais, elle ne m'en glissa mot à ce moment. Elle me suggéra de faire faillite. Je ne voulais rien savoir au début, déterminé à relancer mon entreprise et à payer mes dettes, quitte à les étaler sur plusieurs années. Je fis de la prospection à temps plein, mais rien n'y fit. Ça frôlait même le ridicule. Il est certain, lorsqu'on est en affaires, que les recherches de contrats ne se concrétisent pas toutes par une signature. Mais là, je défiais la loi de la moyenne. À quelques reprises, j'avais conclu une entente verbale avec un client potentiel, mais lorsque venait le temps de signer le contrat, il se désistait. Je me mis donc à chercher un emploi, mais aussi sans succès. C'en était déprimant. Avec toute l'expérience que j'avais acquise, je ne parvenais même pas à obtenir d'entrevues ou, si je réussissais à franchir cette étape, j'étais ignoré, même pour un travail de second ordre avec un salaire dérisoire.

Mon estime de moi était à son plus bas. Entre-temps, les créanciers appelaient. J'étais anxieux et je dormais mal. Finalement, je suivis le conseil de Sylvie et allai voir le syndic. Faillite veut dire faillir à la tâche. On est fier, on ne veut pas perdre la face et moi qui ai toujours eu besoin de reconnaissance pour compenser l'absence de diplôme, voilà où j'en étais. Cela faisait quelques mois que je ne pouvais payer ma part de loyer et, depuis quelques semaines, même plus ma part de nourriture. Heureusement que mon amoureuse était là !

Demeurant optimiste, j'avais même choisi ma future voiture lors du Salon de l'automobile de Québec. Pour faire le démarchage de mandats, j'avais réussi, malgré la faillite imminente, à payer la location de ma voiture. Je devais maintenant dire adieu à ce que j'avais toujours considéré comme étant à la fois une nécessité et un plaisir, sans parler de l'image de la réussite que ma berline allemande turbo projetait.

La période qui précède une faillite est très difficile à vivre, mais après avoir rencontré le syndic, on se sent dès lors libérés. En ce qui me concerne, ce sentiment a duré une semaine. Sylvie attendait que mes affaires soient réglées pour m'annoncer qu'elle mettait fin à notre relation. Je n'avais pas prévu le coup, absorbé que j'étais par mes déboires financiers. Ma première réaction fut l'incrédulité. Il devait y avoir méprise, on devait sûrement pouvoir faire quelque chose. J'avais bien remarqué qu'elle était distante depuis un certain temps. Je lui en avais fait part, mais elle m'avait répondu que ma situation financière la troublait, elle qui avait toujours eu maille à partir avec l'argent. Ce n'était pas faux, mais ce n'était pas le fin fond de l'histoire. Elle me fit remarquer qu'elle ne m'avait jamais dit qu'elle m'aimait, ce à quoi j'acquiesçai. Sauf que, pour certaines personnes, dire « Je t'aime » est lié à des épisodes antérieurs douloureux et représente tout un défi, et tel était son cas. Je considérais que son amour pour moi se manifestait d'une autre façon, non pas par des paroles, mais par son attitude, ses gestes. Sylvie était en effet une personne très affectueuse et sensuelle. Je prenais ces marques d'affection pour de l'amour, mais elle m'avoua que tel n'était pas le cas. Trois jours après l'annonce, je me fis une entorse au dos. Une semaine plus tard, elle m'informa qu'elle avait un autre homme dans sa vie. Et après quelques jours, elle me donna un avis de deux semaines pour quitter la maison.

Je n'ai jamais vécu une expérience aussi douloureuse. La fibromyalgie n'était rien en comparaison avec les sentiments qui m'habitaient. Aucune douleur physique ne fait plus mal que l'abandon, le mépris et la perte d'estime de soi en même temps. J'étais complètement anéanti. Sylvie, ne pouvant supporter de me voir souffrir, s'était refermée afin de ne pas avoir à vivre d'émotions. Elle, qui était si chaleureuse, devint la plus froide des femmes – c'était une sorte de protection –, et je me sentais comme une vieille guenille dont on se débarrasse avec dégoût. Elle se protégeait, alors que moi je vivais le rejet. Mon estime de moi, qui était déjà à son plus bas niveau en regard de ma vie professionnelle, descendait maintenant au plus profond de l'océan. Les pires moments ? Lorsqu'elle se faisait belle pour son nouvel amoureux qui venait la chercher à la maison. Quand cette situation s'est produite la première fois, je pleurai pendant une journée entière. J'étais inconsolable. Puisqu'elle ne pouvait endurer voir une personne pleurer, elle exigeait que je n'exprime pas mes émotions devant les enfants ; elle se sentait coupable, car elle estimait être la cause de mon état. La situation était devenue invivable.

Je me retrouvais donc seul, sans amoureuse, sans amis, sans le sou, sans toit, sans voiture, sans estime de moi, sans rien quoi, complètement défait. Il s'était écoulé deux années et demie entre ma séparation avec Carole et celle avec Sylvie et je considérais avoir eu plus que mon lot de souffrances. Sur cet océan de tempêtes, j'aurais pu sombrer corps et âme au plus profond des abîmes de la dépression.

Que s'est-il passé pour que, un mois plus tard, je me sois retrouvé au 7e ciel ? Que Sylvie soit complètement sortie de moi, que je me sois trouvé un nouveau travail après avoir réalisé un contrat suffisamment lucratif pour déménager et me procurer tous les accessoires de maison qui me manquaient, que j'aie retrouvé la joie de vivre et, que le mois suivant, je rencontrais l'amour de ma vie, le grand amour, et roulais dans la voiture que j'avais choisie quelques mois auparavant ?

La réponse au prochain chapitre.

* CINQ *

Retour au port d'attache

MAIS, bon sang, comment as-tu fait ? » « Comment as-tu fait pour remonter la pente aussi rapidement ? » Voilà les questions qui revenaient le plus souvent de la part des personnes à qui je racontais mon histoire. Les gens ont le goût de savoir « comment on fait », comment on s'en est sorti. On veut connaître la recette quand on vit des situations difficiles, le remède miracle quand on est malade. Il nous arrive tous, un jour ou l'autre, d'avoir à composer avec une expérience difficile et nous voilà démunis : la perte d'un être cher, un conflit au travail ou dans la famille, la maladie, les difficultés financières, une rupture amoureuse, voilà autant de situations qui nous font vivre d'intenses émotions. Mais quand tout cela se produit en même temps, on se demande ce que l'on a fait au Bon Dieu.

Ma « remontée » s'est effectuée en cinq temps :

- je suis retourné dans mon cœur, puis je me suis séparé en deux ;

- j'ai demandé de l'aide ;

- j'ai fait virer le vent de bord ;

- j'ai posé des questions à l'Univers ;

- j'ai demandé à ce que Sylvie sorte de moi.

Je crois que, après avoir vécu un bouquet d'aventures semblables, on se doit de revenir à la base. Quand le bateau a essuyé une tempête, le capitaine le ramène à son port d'attache afin de le remettre en état. La grande règle de base ? Reprendre contact avec sa partie « être », retourner dans son cœur. Car voici un allié fidèle, doué d'un pouvoir immense, avec lequel on peut entrer en contact facilement et utiliser à sa guise. Le cœur n'a qu'une mission et c'est d'aimer.

L'amour n'est qu'effleuré dans l'éducation et nous ne savons pas trop de quoi il en retourne. Oh ! bien sûr, nous aimons nos parents et plus tard notre amoureux ou notre amoureuse ainsi que nos enfants, mais ce n'est pas de cela dont il est question ici. Vivre dans le cœur représente « la face cachée » de l'amour. Cela signifie, d'une part, que l'on est parfaitement conscient que l'on est un être d'amour exprimant l'Amour universel à chaque instant de notre vie et, d'autre part, que l'on utilise sciemment notre cœur afin de régler les situations problématiques qui se présentent à nous. Dès lors, ces situations deviennent moins nombreuses, n'arrivent pas toutes simultanément et se présentent plutôt comme un léger inconfort simplement destiné à nous faire cheminer. Cela ne veut pas dire qu'il n'y aura plus jamais de maladie ou de perte d'un être cher ou quoi que ce soit de semblable. Cela signifie plutôt que, tout en étant moins fréquents, notre perspective face à ces événements change du tout au tout parce que nous savons qu'il existe un outil formidable mis à notre disposition pour y faire face.

J'ai remarqué que, chaque fois que je vivais une situation difficile, je n'étais pas « connecté », je n'étais pas dans mon cœur. Cela est particulièrement vrai dans le dernier épisode, qui a commencé avec la faillite. Auparavant, grâce à Carole et à nos amis, j'avais repris contact avec la spiritualité. Certes, ma vie amoureuse battait de l'aile, mais cela ne m'empêchait pas de mener une vie intérieure riche. Mes vibrations étaient élevées. Ce n'est pas tant la faillite qui m'a sorti de cet état, mais ma réaction en regard de l'homme qui nous a vendu les actions. Cet homme est assez spécial, en ce sens qu'il est aimé de tous. Il est, dit-on, d'une grande générosité et il possède de surcroît un don de guérisseur. Jusque-là, ça va. Nous avons tous connu des personnes qui ont ce genre de don et, peu importe leur caractère ou leur personnalité, on se dit que c'est le résultat qui compte, en l'occurrence la guérison du corps. Mais en plus d'être un guérisseur, l'homme en question enseigne l'Amour universel, rien de moins, une sorte de Jésus des temps modernes, comme se plaît à le dire son entourage. Quand je me suis aperçu de la supercherie des actions, je me suis dès lors coupé de moi-même. Comment cela se pouvait-il? Comment un homme prêchant l'Amour universel pouvait-il en même temps nous frauder et s'enrichir à nos dépens, tout en disant qu'il s'agissait de l'affaire du siècle et qu'il voulait en faire profiter à de petits investisseurs qui n'ont pas accès normalement à la cour des grands?

J'en étais dégoûté et, coupé de moi-même, je me contentai par la suite de vivre le quotidien sans faire mes lectures favorites, sans méditer. Je me suis «déconnecté» et c'est à partir de ce moment que tout a commencé à basculer. J'ai fait tout cela consciemment. Je me souviens très bien avoir pris la décision de m'abandonner et avoir déclaré: «À partir de maintenant, je vis au jour le jour.» La Vie me rendait bien mon état: je sentais un vide à l'intérieur de moi, vide que je tentai de combler dans ma relation avec Sylvie.

La faillite m'avait atteint dans mon amour propre, mais ne m'avait pas démoli. Je pardonne facilement et je pardonnai à cet homme. Comment ai-je donc pu retrouver si vite la voie du bonheur et obtenir autant de petits miracles après l'épisode « Sylvie » ? Je savais que je devais d'abord reprendre contact avec moi, retourner dans mon cœur. Je connaissais le truc, il me suffisait donc de le réactiver. J'aillai méditer sur les roches de Saint-Vallier de Bellechasse, magnifique petit village situé à quelques kilomètres de Québec, sur la Rive-Sud. C'est mon endroit de prédilection. Ces roches, qui s'avancent dans le fleuve Saint-Laurent et qui, au gré des marées, accueillent autant les humains que les oiseaux et qui se font chauffer le dos par le soleil de l'après-midi. Dès la première fois, je repris contact avec mon cœur et je ressentis à nouveau cet amour indescriptible, qui nous transporte hors du temps et de l'espace et qui peut déplacer des montagnes. Je demandai à mon cœur comment faire pour passer à travers l'épisode que je vivais à ce moment, moi qui étais si malheureux et qui étais complètement atterré et démuni. La réponse fut immédiate : « Utilise ta double nature ; exprime tes émotions (nature humaine), puis prends contact avec l'Essence de qui tu es » (nature de l'Amour universel).

Je m'en retournai à la maison, pris le souper sans échanger un mot avec Sylvie, le nez rivé dans mon assiette et toujours prêt à éclater en sanglots. Ce soir-là, elle sortait avec sa fille. Après qu'elle eut quitté la maison, le téléphone sonna et je vis sur l'afficheur le nom de son nouvel amoureux. Je répondis. Je voulais entendre sa voix (remarque : le masochisme n'est pas nécessaire). Je pris le message et, lorsque Sylvie arriva, le lui transmis. Elle courut au sous-sol, avec un enthousiasme débordant, pour retourner l'appel. C'en était trop. Je me mis à pleurer de douleur. Je pleurai le reste de la soirée, une bonne partie de la nuit, tombant endormi d'épuisement à l'occasion, et cela persista jusqu'au lendemain après-midi. Son amoureux vint la chercher. Je la vis monter à bord de la voiture. J'étais inconsolable.

Instinctivement, je descendis à mon bureau au sous-sol pour recueillir mes courriels. Ma meilleure amie – heureusement que j'avais d'autres amis – voulait savoir comment je me portais. Nous étions le vendredi après-midi ; je savais qu'elle était en congé, je l'appelai. Cela me fit le plus grand bien. Sylvie était partie avec son nouvel amour pour la fin de semaine et je passai le plus clair de mon temps à appeler les personnes que j'aimais, celles que je considérais comme de vraies amies, dont deux de mes cousines. Toutes m'ont écouté, encouragé et, surtout, m'ont aidé à refaire mon estime de moi. C'est comme si elles s'étaient donné le mot. Elles me disaient comment elles me voyaient, qu'à leurs yeux j'étais quelqu'un. Quel bien cela me faisait ! Ces personnes m'ont permis de me « reconnecter » avec mon potentiel, de me recentrer.

Ensuite, je fis « virer le vent de bord », comme je me plais à le dire. Je me suis tenu debout dans la cuisine et j'ai fait un pivot de 180 degrés en déclarant à haute voix qu'à compter de maintenant, le vent allait tourner et que les choses allaient changer. J'en étais intimement convaincu. Je me suis vu heureux et je me suis senti rempli de joie.

Vous avez sûrement entendu parler de ce truc, ou peut-être l'avez-vous fait, qui consiste à poser une question, puis à ouvrir au hasard la page d'un livre, et découvrir la réponse dont vous aviez besoin. Il peut s'agir de n'importe quel livre, mais les livres qui traitent de croissance personnelle ou de spiritualité sont particulièrement riches en pensées de toutes sortes. Ma lecture de chevet est constituée essentiellement de ces livres. Je les ressortis de ma bibliothèque et je me mis à poser des questions. Certaines journées où je n'avais pas de questions précises, je prenais un des livres et l'ouvrais au hasard. Chaque fois, ça tombait pile. J'avais la réponse à ma question ou j'obtenais un énoncé qui correspondait précisément au thème que je vivais cette journée-là et qui m'apportait un éclaircissement, me faisant cheminer à pas de géant. À tout bout de champ, je remerciais la Vie en pleurant de joie.

Et je suivais le conseil de ma Voix intérieure en « utilisant ma double nature ». Je m'étais effectivement séparé en deux : d'un côté, j'exprimais pleinement mes émotions et je vivais ce que j'avais à vivre (nature humaine) et, de l'autre, j'écoutais ce que mon cœur me disait par le moyen des lectures et des méditations (nature de l'Amour universel). Exprimer mes émotions n'était pas évident, étant donné que Sylvie ne pouvait supporter de me voir pleurer, surtout devant les enfants. Je me disais que cela lui appartenait. Moi, j'avais de la peine et il me fallait l'exprimer, pas question de la refouler et qu'elle se transforme en maladie. Je racontais mon histoire à des amis et je recevais une écoute bienveillante de leur part. En étant deux, en utilisant ma double nature, j'ai pu passer à travers les deux mois que durèrent la fin de notre vie sous un même toit, avec l'amant trop présent et la froideur de Sylvie, sans parler du plus jeune de ses enfants qui ne cessait de me dire : « Je t'aime, Lorne » après avoir appris que j'allais bientôt partir.

Pendant cette période des plus douloureuses, j'ai connu, aussi impossible que cela puisse paraître, le plus grand bonheur, la plus grande joie, l'extase absolue. Eh oui ! Quand on est dans le cœur, tout peut arriver. Le cœur a ses raisons que la raison ne connaît pas, dit-on. J'avais pris la décision d'écrire des lettres aux trois enfants de Sylvie, pour leur dire combien je les aimais et leur donner mon numéro de téléphone, s'ils avaient le goût de communiquer avec moi après mon départ. J'ai pris quelque temps à mettre cette idée en œuvre, mais un jour je sentis l'appel. Le moment était venu.

J'allai à mon bureau et écrivis trois lettres. Chacune était personnalisée, parlait dans le langage propre à l'âge de l'enfant (16, 14 et 10 ans), mais surtout, chacune parlait d'amour. J'étais dans un état d'Amour universel comme je n'en ai jamais connu. La seule expression qui puisse décrire cet état est : « moment de grâce suprême ». Notre vocabulaire manque assurément de mots, car ce n'est vraiment pas encore assez fort. Mais quel bonheur, quelle joie ! Ne serait-ce que pour avoir repris contact avec mon cœur et avoir vécu cela, l'épisode Sylvie prenait tout son sens et devenait grandiose. Je ne la remercierai jamais assez de m'avoir laissé partir, sinon je n'aurais jamais vécu de tels moments de pure félicité. Elle a été honnête envers elle et envers moi, et elle a fait en sorte que je reprenne vie. Je n'ai jamais eu de nouvelles des enfants, mais je ne n'avais pas d'attentes. Je les aime et c'est cela qui compte.

Quand on aime une personne et que celle-ci nous quitte, on continue quand même de l'aimer, on l'a dans la peau. Il est primordial de régler une telle situation pour continuer notre périple. Car, lorsqu'on voyage, il est impossible de traîner les étapes antérieures avec soi. Comment peut-on avoir le pied sur l'accélérateur, un autre sur le frein en tentant d'aller de l'avant tout en regardant en arrière ? Comme le dit un proverbe chinois : « On ne peut à la fois rester et partir. » Et combien ai-je vu de personnes traîner leur passé avec elles. Il est impossible d'être heureux de cette façon. Comment faire alors pour que la personne que l'on aime sorte de nous, qu'elle ne nous habite plus ?

Il m'est arrivé, lors d'une séparation antérieure, de méditer et cela avait très bien fonctionné. Elle et moi marchions sur un chemin de lumière. Nous arrivâmes à une fourche où il fallait nous séparer pour que chacun emprunte son chemin de vie. Je me tournai vers elle, nous nous tenions les deux mains, et avec nos plus beaux sourires et la joie dans le cœur, nous nous sommes dit « adieu ». Je lui envoyai plein d'amour, la remerciai pour tout ce qu'elle m'avait apporté, puis lui souhaitai « bon succès et bonne route » dans sa nouvelle vie. Nos chemins étaient fort différents, mais tout aussi remplis de merveilles et de lumière. Dès que la méditation fut terminée, je sentis la différence : elle était vraiment sortie de moi.

Je tentai le même genre de méditation pour Sylvie, mais sans succès. En fait, cela se passa tout autrement et me fit croire encore davantage aux miracles (quand on est dans le cœur…).

Une autre de mes amies m'appela pour m'offrir d'aller voir, avec elle et son amoureux, le spectacle d'adieu de

Jean-Pierre Ferland au Festival d'été de Québec, en plein air sur les Plaines d'Abraham. Je n'avais pas les 25 $ requis pour acheter un macaron, droit d'entrée obligatoire pour assister à un spectacle. « Ce n'est pas nécessaire, j'en ai un en surplus », me dit-elle. Évidemment, j'acceptai avec plaisir. Je demeurais encore chez Sylvie à ce moment et je lui fis part de ma sortie du lendemain. Elle me répondit qu'elle y serait aussi… avec son nouvel amoureux ! Bon, il y avait une chance que je les voie – et je n'en avais pas particulièrement envie –, mais davantage de chances que je ne les voie pas.

Il y a souvent, dans un couple, une chanson fétiche. Dans notre cas, c'était *Une chance qu'on s'a* de Jean-Pierre Ferland. Je me doutais bien, compte tenu de la popularité de cette chanson, qu'il l'interpréterait dans son ultime spectacle à Québec et que cela me ferait réagir. Je ne vis pas Sylvie dans la foule, Dieu merci ! Ce n'est qu'à la toute fin de la soirée qu'il interpréta notre chanson en rappel. Tout le long de la chanson, je pleurais et mon amie me serrait la main bien fort. Quand la pièce fut terminée, je me tournai vers elle et lui dis : « Ça y est, c'est terminé, j'ai passé le flambeau. » Cette phrase est sortie de ma bouche d'un trait, sans même que j'y aie pensé. Et j'ai été libéré de Sylvie sur-le-champ.

Le miracle ? L'histoire du macaron. Mon amie et son amoureux s'étaient procuré chacun un macaron au début du Festival, mais elle avait perdu le sien. Elle eut beau le chercher pendant des heures, elle ne le trouva pas et se résigna à en acheter un autre. Sitôt revenue chez elle, certaine que le macaron perdu se trouvait accroché à une blouse sur laquelle elle avait passé sa main au moins trois fois, elle décida de sortir cette blouse et de vérifier à nouveau : il était là. S'il n'avait pas été égaré, elle n'aurait pas acheté un autre macaron et n'aurait pas pensé à inviter quelqu'un au spectacle de Ferland. La Vie a fait en sorte que mon vœu soit exaucé et ce, d'une façon dont je ne me serais jamais douté. La morale de cette histoire ? « Demandez et vous recevrez », mais vous ne recevrez pas nécessairement de la façon dont vous vous seriez attendus. En fait, on n'a pas à choisir la façon dont cela se déroulera. L'important est le résultat et l'on doit mettre l'accent sur la finalité de notre demande, l'objectif. La Vie se charge d'emprunter le bon chemin pour y arriver. Moi, je voulais que Sylvie sorte de moi et la Vie a répondu à mon appel. Si notre demande vient du cœur, elle n'aura d'autre choix que d'y répondre, à moins vraiment que cela ne soit pas pour notre plus grand bien. Je remercie du fond du cœur mon amie de m'avoir accueilli et soutenu au moment où j'en avais grandement besoin.

Et je n'en avais pas terminé avec les miracles. J'obtins un contrat avec l'un de mes clients, puis un travail dans un organisme sans but lucratif. Quand mon client apprit que je m'étais trouvé un emploi, il me demanda si je pouvais lui consacrer le maximum de temps entre ce moment et le début de mon nouveau travail, un mois plus tard. Tu parles ! Avec plaisir. Ce contrat me rapporta suffisamment d'argent pour déménager, me procurer les accessoires de maison qui me manquaient et me payer quelques cornets de crème glacée.

Nous étions à la mi-juillet et j'allais bientôt commencer mon nouvel emploi. Ma directrice, à qui j'avais fait part de mes dernières aventures et qui partait en vacances après m'avoir embauché, me prêta sa voiture pendant deux semaines, afin de me faciliter la tâche dans mes achats et mon déménagement. *Gracias !* Puis, une connaissance m'offrit de me donner des meubles, aussitôt que sa maison serait vendue. Et ce n'était pas terminé.

Après avoir emménagé dans mon nouvel appartement, je décidai de m'inscrire sur un site Internet de rencontres. Même si l'épisode Sylvie était encore chaud, la magie avait opéré : je n'éprouvais plus rien pour elle et j'étais prêt à vivre autre chose. Pour la première fois de ma vie, je m'ennuyais d'une présence féminine et je voulais combler ce vide dans une relation ami-amant. Enfin, c'était ce que je ressentais, mais la Vie avait d'autres visées. Après une semaine de clavardage, je vis une reine m'apparaître. Sur sa photo, elle esquissait un mouvement de danse orientale et son texte de présentation avait sûrement été écrit pour moi. Je lui envoyai un mot. Elle me répondit. Je lui donnai mon numéro de téléphone. Elle m'appela. Et nous conversâmes ce soir-là – c'était un mardi soir – jusqu'à deux heures et demie du matin, puis le lendemain et le surlendemain.

L'autre surlendemain, nous nous étions donné rendez-vous dans un café. Elle n'avait rien de mon type de femme, mais je venais de rencontrer l'amour de ma vie à 56 ans ! Dans un couple, il y a souvent une personne qui aime l'autre davantage, situation que j'ai vécue jusqu'à ce jour. Pour la première fois, je peux dire que les deux parties sont à « égalité ». Et plus le temps passe, plus nous nous aimons ; nous « marinons » littéralement dans le bonheur. Ça se voit et ça se sent, car notre entourage et nos nouvelles connaissances nous disent constamment à quel point nous projetons du bonheur. Elle est ma reine d'amour et je suis son roi de cœur.

Quelle ne fut pas ma surprise d'apprendre, lors de notre première conversation, que ma reine possédait la voiture que j'avais choisie lors d'une visite au Salon de l'auto de Québec quelques mois auparavant ! Décidément...

Cœur atout

En l'espace de deux mois donc, j'ai « fait virer le vent de bord » en obtenant de multiples guérisons et un redressement de ma situation à tous les niveaux. Mais je l'ai fait en passant par le cœur. Je connaissais déjà ce principe qui disait d'aller dans le cœur, mais lorsque cette situation de faillite s'est présentée, je m'en étais éloigné. Il me fallait donc y retourner, mais cette fois-ci, je décidai que j'y résiderais en permanence.

Un beau matin, le moment était venu. Les grands principes de la Vie sont fort simples et, bien qu'ils ne nous aient pas été enseignés, nous les connaissons intuitivement ; il s'agit de reprendre contact avec eux. Pour ce qui est du cœur, il y a un truc tout simple à mettre en pratique pour que notre vie soit vécue dans la plénitude et le bonheur. Et ce truc me fait penser à la première fois où l'on a fait de la bicyclette. Remontons le temps et revivons ce moment précis. Auparavant, nous avions un beau tricycle rouge et blanc, mais les grands se promenaient avec leur bicyclette étincelante, qui allait beaucoup plus vite et plus loin, mais Dieu, comment faisaient-ils ? Comment était-ce possible de se balader uniquement sur deux roues ? Pourtant, ils y arrivaient. Un beau jour, nos parents nous ont fait cadeau d'une magnifique bicyclette rutilante de couleur verte, avec deux petites roues de chaque côté de la roue arrière. Comme c'est facile d'aller à bicyclette de cette façon ! Arrive l'inévitable journée où notre père dit : « C'est aujourd'hui qu'on enlève les petites roues. » O.K., mais à la condition qu'il nous tienne. « Bien sûr... » Et il nous tient bien en selle. Jusqu'au moment où, sans qu'on ne s'en aperçoive, il lâche prise et nous voilà parti. On a saisi le truc.

Dans l'exercice d'activation du cœur qui suit (voir page suivante), je suggère de prendre contact avec un moment d'intense bonheur. Pour la mère, ce sera peut-être quand elle a tenu son nouveau-né pour la première fois dans ses bras ; pour l'amoureux, le premier baiser de sa douce ; pour une autre personne, ce sera le souvenir de son séjour à Expo 67 ; pour celui qui aime écouter le football à la télévision avec un sac de croustilles et une bière, il replongera alors dans cet état intérieur qui le rend heureux. Il n'y a pas de recette unique, chacune est bonne, car chaque personne est différente et chacune vit le bonheur à sa façon.

> **Comment on fait?**
> **Pour activer l'ouverture du cœur**
>
> – Je m'assieds confortablement dans mon fauteuil préféré et je me détends.
> – Je prends trois bonnes respirations conscientes. J'inspire de la lumière et j'expire du bonheur.
> – Je mets ma main gauche sur mon cœur et je prends contact avec un moment D'INTENSE BONHEUR.
> – Je ressens tout l'amour que j'éprouvais à ce moment-là et je laisse mon cœur s'emplir de joie.
> – Je fais la déclaration suivante : « À partir de maintenant et pour tous les instants de ma vie, chaque pensée, chaque parole et chaque geste seront dorénavant une pensée d'amour, une parole d'amour et un geste d'amour. »
> – Je remercie la Vie de ce que mon vœu est déjà réalisé.

Mon cœur ne demandait que cela. Depuis ce temps, il est redevenu joyeux et ce, en permanence, car voilà que je lui redonne la chance d'Être. Après que j'eus fait cette déclaration, le déclic souhaité se produisit et je me sentis merveilleusement bien, mais j'étais à ce moment loin de connaître toutes les applications de mon nouvel état. C'est à la suite de cet exercice que la série de miracles évoqués précédemment s'est produite. J'en voyais également la manifestation dans des choses aussi simples que la conduite automobile.

Je n'ai jamais été du genre agressif, mais quand un automobiliste me coupait ou me collait au derrière, je sentais monter en moi un début de colère et je pestais contre la personne en question. Après avoir activé le cœur en permanence, je remarquai que j'avais cessé de réagir de la sorte. Ce fut mon premier constat. Je voyais aussi mes gestes changer. Dans un travail aussi simple que repasser ma chemise, je sentais l'amour en moi se transposer dans les mouvements de mon bras et je prenais plaisir à faire une tâche autrefois banale, routinière et sans grande signification. Par ailleurs, je m'aperçus qu'un changement s'opérait du point de vue de mes relations. Quand on change intérieurement, notre monde extérieur change et la Vie fait en sorte que d'anciennes connaissances s'évanouissent dans la nature. J'accueille maintenant sur mon chemin de nouvelles personnes qui vibrent à la même fréquence. Ma reine et moi partageons aujourd'hui tout cela. C'est merveilleux et nous remercions la Vie chaque jour.

En réalité, vivre dans le cœur se veut en parfaite cohérence avec l'Essence de qui l'on est au niveau de notre Moi supérieur, qui est pur amour. En vibrant au même diapason que lui, il s'opère une fusion, car il est « connecté » avec la Conscience universelle. Ce faisant, on outrepasse l'esprit.

Avez-vous déjà essayé de réparer une laveuse avec le cœur ? Ça m'est arrivé. Après mon départ de chez Sylvie, je fis l'acquisition d'un ensemble laveuse-sécheuse usagé. Les appareils fonctionnaient très bien au moment où je les avais achetés, mais quand je voulus faire mon premier lavage, la laveuse était pour ainsi dire « morte ». Je n'ai pas les habiletés d'un travailleur manuel, mais je me laissai guider, tournevis à la main. Je fis un premier diagnostic qui se révéla faux, puis un second où j'obtins le même résultat. Je gardai le sourire et ma bonne énergie, convaincu que j'aillais trouver le problème. La troisième tentative fut la bonne.

Lorsqu'une situation semblable se produit, on a tendance à se choquer, à pester après Pierre, Jean, Jacques, à dire une « basse messe » et certains iront même jusqu'à donner un coup de pied dans la laveuse. C'est une façon de faire, mais celle que je vous propose est beaucoup plus drôle et efficace. Quand je racontai l'histoire de la fin de ma relation avec Sylvie, combien de commentaires ai-je entendus du genre : « Ça n'a pas de bon sens faire ça à quelqu'un, on n'agit pas de cette façon, c'est cruel. » Les gens qui me parlaient ainsi sont des personnes qui voulaient mon bien et elles étaient tristes et parfois en colère en regard de mon aventure.

Bien qu'affligé après la grande annonce de Sylvie, je lui envoyais plein d'amour. Je la remerciais constamment pour ce qu'elle m'avait apporté et, croyez-moi, j'ai reçu énormément pendant l'année et demie qu'a duré notre relation. Parce qu'elle a été honnête en y mettant fin, j'ai reçu le plus beau cadeau de ma vie : la « reconnexion » avec mon cœur et ces « moments de grâce suprême », qui m'ont apporté la plus grande joie. Si nous étions restés ensemble, je n'aurais jamais vécu cela et Dieu sait si je ne serais pas mort à petit feu. En fait, j'étais mort intérieurement et elle m'a ressuscité.

Plusieurs personnes ont vécu une saison d'aventures difficiles, mais encore là, comment ont-elles réagi après le premier événement ? En écrivant ces mots, je pense à deux personnes que je connais et qui ont perdu leur emploi. Peu après, l'une d'elles se fracture une jambe en déboulant un escalier glacé et l'autre fait un accident de motocyclette et devient handicapée. Que faut-il en conclure ? Plusieurs diront qu'un malheur n'arrive jamais seul. C'est une façon de voir, mais j'en fais une tout autre lecture. Je sais que ces personnes entretenaient de la rancœur envers leur employeur : quand on a un doigt accusateur pointé vers l'extérieur, trois doigts pointent vers nous. La question n'est pas de trouver un coupable, que ce soit les autres ou soi-même, mais de comprendre pourquoi cela arrive. Je suis ami avec la personne qui s'est fracturé une jambe et je lui demandai, après l'accident, ce que tout cela pouvait bien signifier à ses yeux, quel message la Vie voulait-elle lui envoyer. Elle ne savait trop quoi en penser. Je lui suggérai de demander à son cœur. Quelque temps après, elle m'avoua que la Vie lui offrait un temps d'arrêt. Elle n'était pas heureuse à son travail et désirait réorienter sa carrière.

– Mais ce n'était pas nécessaire que je me fracture une jambe pour ça !

– Non, effectivement, lui répondis-je. Mais quelle a été ta réaction après avoir perdu ton emploi ?

– J'en voulais à ma supérieure immédiate..

Elle était donc dans une énergie de basses vibrations – tel on pense, tel on devient –, et le temps d'arrêt demandé s'est prolongé… Elle profita de sa convalescence pour se reposer – cela tombait plutôt bien, elle qui roulait toujours à 100 à l'heure – et pour planifier son retour au travail dans un domaine qu'elle aimerait. Deux possibilités s'offraient à elle : travailler dans un organisme d'entraide ou dans le domaine de la finance. Concernant cette dernière option, elle me fit part, avec arguments irréfutables à l'appui, à quel point cela lui convenait, qu'elle avait déjà travaillé dans ce secteur auparavant, qu'elle aimait le type de personnes qui évoluaient dans ce milieu, qu'elle pouvait enfin se bâtir une carrière, etc. Je l'écoutai avec « intérêt » et lui dis :

– Va là où ton cœur chante.

Elle choisit le domaine de l'entraide sans hésiter et ce fut le début d'une suite d'événements heureux, à commencer par un emploi.

Lorsqu'on a une décision à prendre, notre cœur est assurément le meilleur conseiller. Lui sait mieux que quiconque ce qui sera préférable pour nous. Pas besoin d'analyser, de se casser la tête, de faire de savantes équations et des calculs de probabilités ; en somme, de faire des efforts. Notre cœur est un actuaire spirituel qui renferme toutes les données et qui calcule plus vite que l'éclair, en tout cas plus vite que la pensée. Il est en effet prouvé scientifiquement que l'intuition – car c'est le langage du cœur – est plus rapide que la pensée. Cela est facilement vérifiable. Si l'on demande à la personne que l'on aime : « M'aimes-tu ? » et qu'elle nous répond : « Un instant mon amour, je vais y penser ; je vais aller méditer et je te reviens avec la réponse », que dira-t-on ? Qu'elle ne m'aime pas vraiment et qu'elle doit vraiment y penser. Quand on est « tombé en amour », ce n'était certes pas la pensée qui nous a communiqué ce sentiment. Il est venu subito presto, sans passer par la tête. L'intuition provient du cœur et elle peut prendre la forme de ce que je nomme une pulsion, ou une impulsion. C'est comme une force intérieure qui, en une infime fraction de seconde, nous fait tourner à droite ou à gauche, nous fait avancer ou reculer et qui fait en sorte de nous conduire à la bonne place, au bon moment, avec les bonnes personnes. Vous est-il déjà arrivé de faire une blague sans du tout réfléchir, au point où vous vous êtes demandé comment vous avez fait pour lancer une telle boutade, comme ça, du tac au tac ? Vous n'avez pas pris le temps d'analyser la réplique précédente provenant d'une autre personne. Votre répartie est apparue presque par magie. Encore une fois, l'esprit a été outrepassé.

Tout ce qu'il y a à faire est de se laisser guider et pour cela, il s'agit d'être à l'écoute de ce que la Vie propose et d'aller là où elle nous mène. Pour dénouer une situation difficile par exemple, elle nous mettra en contact avec la bonne personne, qui nous dira les bonnes paroles, le tout sans effort.

Après quarante ans de cheminement, je peux affirmer que la Vie se définit en un mot: « être », avec tout ce que cela signifie. D'ailleurs, ne nous sommes-nous pas un « être » humain ? En fin de compte, Shakespeare avait raison lorsqu'il affirmait: « Être ou ne pas être, voilà la question. » Il aura fallu le génie et la sensibilité d'un grand artiste pour nous éclairer. Avons-nous su l'écouter ? En ce qui me concerne, les incidences de cette révélation, soit des prises de conscience à de multiples niveaux, ont bouleversé ma vie et je cumule depuis des manifestations merveilleuses. La joie fait partie de moi, car elle est le propre de l'âme, notre partie « être ». La joie est la conséquence directe du fait que je sais que tout ce qui m'arrivera sera merveilleux, car « je suis ». Point besoin de chercher midi à quatorze heures, de philosopher sur des grands principes souvent trop compliqués, d'analyser, de décortiquer la vie sous tous ses aspects. À vous qui lisez ces lignes, je dis ceci: vivez la simplicité, contentez-vous d'« être » et votre vie changera du tout au tout. Soyez en contact consciemment avec votre âme, *sentez*, ressentez, puis observez les bienfaits que cela apporte. Sentez comment vous vous sentez bien. Le bonheur, c'est ça ! Le truc pour y arriver ? Passer par le cœur...

On a donc le choix dans la vie de ramer avec le courant ou à contre-courant, la première option étant de loin la plus agréable et la plus facile. « Va là où ton cœur chante » signifie qu'on fonctionne avec le cœur, que l'on ne rencontrera pas d'obstacles majeurs, simplement de légères zones d'inconfort destinées à enrichir nos expériences de voyage afin de revenir à la maison grandis.

Et quels sont les indicateurs qui nous informent que l'on est dans le cœur ? D'abord, nos expériences elles-mêmes, quand elles coulent de source. Si notre vie est une suite de murs à abattre, si tout accroche tout le temps, si elle est un océan permanent de tempêtes, il y a lieu de se poser des questions, ou plutôt de poser la question à notre cœur : pourquoi ? Nous avons quelque chose à comprendre et à régler pour que le scénario se déroule différemment. Et je connais de telles personnes, qui ont le don de se placer dans des situations où elles adoptent le rôle d'un « bulldozer » pour affronter les murs – que dis-je, les barricades – qui se dressent sur leur chemin. Si l'unique réponse à leur questionnement – quand elles se questionnent – se situe au niveau des autres personnes, les mêmes situations se reproduiront indéfiniment. En second lieu, il s'agit d'observer comment on se *sent*. Le cœur est le messager de l'âme et l'âme est le siège des sentiments. Nous avons pris une décision importante et le choix que nous avons fait n'est pas à notre avantage ? Notre cœur nous le fait savoir, car on ne se sent pas bien. Il n'est jamais trop tard pour changer de cap (changer d'idée) et ce sera pour notre plus grand bien.

Notre cœur nous parle donc au moyen de l'intuition et non pas par la pensée. Il lui transmet bien sûr l'information, mais il a une petite voix, à peine audible, qui nous dit quoi faire, quelle personne rencontrer, quoi dire. Pour entendre cette petite voix, il s'agit simplement de déployer ses antennes et de se placer en mode « écoute ». Je suis celui qui écoute et qui observe. Car la réponse à la question que je pose pour résoudre une situation difficile, ou simplement pour prendre une décision, proviendra soit de *l'intérieur* (l'intuition, la petite voix), soit de *l'extérieur*.

On reconnaît aisément une réponse qui vient de *l'intérieur*. Elle est d'une grande sagesse et d'une grande simplicité. À un certain moment de ma vie professionnelle, j'occupais un emploi qui me convenait plus ou moins. Je ne savais trop ce que cette expérience signifiait et ce que j'avais à réaliser ou à comprendre à l'égard de ce travail. Alors, je posai la question à l'Univers. La réponse fut superbe : « Considère ton travail actuel comme un bateau passeur. (Je visualisai ce genre d'embarcation à fond plat qui enjambe une rivière et qui peut accueillir deux voitures et quelques piétons.) Sache que ce bateau est tout aussi important que le chemin lui-même, il est en fait sa continuité. Cette étape de ta vie professionnelle est donc aussi essentielle que l'est ce bateau, car elle fait le pont entre deux autres expériences tout aussi merveilleuses. » Je n'en demandais pas plus.

Lorsqu'on a suffisamment mis en pratique l'écoute, on reconnaît instantanément une réponse qui provient de *l'extérieur*. Voulez-vous savoir comment est venue l'idée d'écrire ce livre ? J'ai assisté à la conférence d'une femme qui a vécu elle aussi une série de « miracles », après avoir frôlé la mort, et qui avait reçu l'information de « raconter son histoire ». Lorsqu'elle a prononcé ces paroles, j'avais le sentiment profond que celles-ci s'adressaient à moi ; il se produisait une sorte de résonance. Cela faisait quelque temps que j'aidais des gens en difficulté en leur racontant comment vivre dans le cœur et comment j'avais fait « virer le vent de bord » et j'avais alors le goût de joindre un plus grand nombre de personnes. Comme cette femme donnait des conférences, je pensais que je devais faire de même. Mais cette idée ne prenait pas forme, les choses ne se mettaient pas en place, bref la Vie me disait que je faisais fausse route. Quelques mois plus tard, ma reine et moi avons rencontré « par hasard » une amie, qui était accompagnée d'une femme vivant une séparation. Elle était constamment au bord des larmes et, pour lui redonner espoir, je lui racontai en bref la séparation que j'avais vécue l'année précédente, avec tout le bataclan, et ce que j'avais fait pour remonter la pente. Spontanément, notre amie me dit : « Tu devrais écrire ça. » Moi qui travaille en communication et qui ai une certaine aisance avec la plume, eh bien ! je n'y avais jamais pensé. Le message était clair, gros comme un autobus jaune : je devais raconter mon histoire et elle prendrait la forme d'un livre. Les conférences viendraient bien en temps et lieu.

La Vie nous apporte la bonne réponse au bon moment, elle met sur notre chemin la bonne personne qui nous dit les bonnes paroles. Rien ne sert de forcer, il faut même ne pas y penser. Si, par exemple, je perds mon trousseau de clés et que je le cherche partout dans la maison sans le trouver, il suffira que je passe à autre chose – autrement dit, oublier que je le cherchais ou « lâcher prise » – pour finalement le voir littéralement apparaître, presque par miracle. Il est vraiment fascinant de constater à quel point « vivre dans le cœur » a des répercussions, même au quotidien. Magasiner devient une partie de plaisir. On se laisse guider vers le vêtement qui nous convient, le bijou qui fera craquer sa belle. En fait, nul besoin de chercher ni même de choisir : il suffit de laisser le vêtement ou le bijou nous choisir. On sera inévitablement attiré vers l'objet convoité et il nous fera un clin d'œil. En plus, c'est rentable. Combien d'argent ai-je économisé de cette façon en étant attiré vers les aubaines ? C'est renversant !

Le fait de penser que la vie est difficile et qu'elle est une bataille est largement véhiculé par l'expression « il faut », par exemple : « Il faut que j'aille faire la vaisselle, il faut que je fasse mes devoirs, il faut bien que jeunesse se passe… » Le verbe « falloir » issu de ces expressions a deux connotations : la notion d'obligation, c'est-à-dire que la tâche à accomplir sera plus ou moins agréable ; et la notion d'effort.

S'il faut faire quelque chose, on n'en a pas vraiment le goût. Si j'affirme au contraire que j'ai le goût d'aller voir mon frère, que j'ai le goût d'aller à la pêche, je compose alors avec ce qui me tient à cœur. Tiens, tiens, nous voilà de retour à ce cœur bien-aimé ; drôle de coïncidence tout de même ! On peut donc affirmer que « il faut » est relatif à l'esprit et que « j'ai le goût de » est relatif au cœur. Et, comme nous l'avons vu précédemment, le cœur ne force pas. Donc, si je dis que, dans la vie il faut être positif, je présume également que ce sera difficile, que je devrai me battre pour arriver à cette fin, que ce n'est pas donné à tout le monde, que cela pourrait prendre quelques années, voire une vie. Le mental trouve tout difficile, car il doit réfléchir, analyser, peser le pour et le contre. En fait, de

nombreuses personnes ont décidé de faire un cheminement intérieur et sont convaincues que ce sera difficile.
«Avec ce que j'ai vécu, j'en ai pour toute ma vie et sûrement pour plusieurs vies.» La pensée crée. Ce sera sûrement long et difficile. Sans parler des gens pour qui la vie
est un combat.

Je suis la preuve vivante que l'on peut changer une
situation ou changer chez soi un comportement qui ne
nous sert plus et assez rapidement merci. Il suffit de le
demander, de travailler avec la joie au cœur, puis d'admi-
rer le résultat. Il est facile d'y arriver, c'est même ce qu'il
y a de plus facile à réaliser dans la vie. Mais comme l'être
humain a le don de tout compliquer...

La foi

Rien ne sert de forcer, effectivement. Imaginons une
graine plantée par un jardinier. Est-ce que ce dernier reste
assis à côté de la graine en forçant pour qu'elle pousse?
Ça n'ira pas plus vite et il perd son temps. En fait, il peut
juste en prendre soin en enlevant de temps à autre les
mauvaises herbes et en l'arrosant s'il manque de pluie. La
nature se charge du reste. Mais qu'est-ce qui fait que la
graine pousse? Elle a la foi. Elle sait qu'elle va devenir une
fleur, un fruit, une herbe aromatique.

La foi ne consiste pas à croire aveuglément. Jeunes,
nous avons cru tout ce qu'on nous disait, car ceux qui
étaient là avant nous, les adultes qui savent beaucoup
de choses, affirmaient avoir raison. Même si notre petite
voix intérieure murmurait le contraire, nous avons suivi
la foule sans trop nous poser de questions jusqu'à ce que...

Et il y a des gens qui représentent l'autorité politique, religieuse et sociale, qui parlent fort et qui ont vraiment l'air d'avoir raison. De grâce, écoutez-les, mais d'une oreille seulement ! Prenez ce qui résonne en vous, car c'est là que se trouve la vérité, votre vérité. Les auteurs et les enseignants en croissance personnelle et en spiritualité, ainsi que les médiums de toutes sortes, font partie de notre expérience et ils sont là pour nous guider dans la définition et la redéfinition de nous-mêmes. Car voilà ce que nous faisons à chaque instant de notre vie. Alors, s'ils vous présentent des recettes, essayez-les, puis adaptez-les. N'est-ce pas ce que vous faites dans votre cuisine ? Mais de grâce, essayez-les ! Si vous lisez des livres de croissance personnelle comme des romans, vous en lirez un, puis un autre, puis un autre et un autre encore. Si vous n'êtes pas à l'écoute de ce que vous ressentez (la résonance), vous ne verrez pas les passages qui pourraient changer le cours de votre vie.

Dans ce livre, on trouve des exercices intitulés « Comment on fait ? » Je les ai soumis à votre attention pour une bonne raison : ils ont été importants pour moi, car ils ont eu une influence déterminante dans ma vie. Ne me croyez pas : faites-les, expérimentez-les, adaptez-les ou faites autre chose. La vie est une suite d'expériences que nous avons à vivre nous-mêmes, non pas par procuration. On ne peut prétendre être un voyageur en regardant des émissions sur les voyages à la télévision ! Il y a un temps pour recueillir de l'information, il y a un temps pour agir.

La foi ne consiste donc pas à croire, mais plutôt à *savoir intuitivement*. Savoir que je suis le créateur de ma vie, que j'ai le potentiel en moi de me guérir, de régler une situation difficile, de construire mon bonheur. La foi, c'est d'avoir la certitude absolue, la confiance inébranlable que la Vie va m'apporter tout ce dont j'ai besoin, au bon moment, dans la forme qui me sert et que ce sera parfait. La foi, c'est l'absence de tout doute.

Quelle différence y a-t-il entre la foi et ce que plusieurs appellent la « pensée magique » ? Comment trace-t-on la ligne entre cette fameuse foi et l'illusion ? Eh bien ! la réponse se trouve dans la question. La « pensée » magique relève de l'esprit alors que la foi prend son origine dans le cœur (savoir intuitif). Si vous avez un projet ou un rêve et que vous adressez une demande à l'Univers, comment vous y prenez-vous ? Est-ce que vous vous convainquez que cela va fonctionner, ou remerciez-vous plutôt l'Univers de ce que votre vœu est déjà en voie de se réaliser ? Faites-vous votre demande à répétition ou, au contraire, la formulez-vous une seule fois ?

La foi consiste à savoir intuitivement que la demande que l'on fait est bonne pour soi, pour les autres et pour l'Univers entier. Elle est cette étincelle, cette petite voix intérieure rassurante qui nous guide en nous disant quel geste poser, quelle position ou quelle décision prendre et cela, même en affaires. Un jour, je discutais avec un jeune entrepreneur et il me semblait que les visées qu'il avait pour son entreprise relevaient davantage de la pensée magique que de la foi. Je ne savais trop comment le lui dire et j'illustrai ma position en lui parlant d'une entrevue que Pierre Péladeau, le fondateur de Quebecor, avait accordée à un journaliste de Radio-Canada. M. Péladeau disait avoir une foi absolue en Dieu et que c'était grâce à cela qu'il obtenait autant de succès en affaires. Et l'animateur de répondre : « Mais c'est de la pensée magique ! » « Non, non, il n'y a rien de plus concret, de répondre M. Péladeau. Ça marche ! Je demande et j'obtiens tout ce que je désire. » En fait, il *savait* qu'on lui répondrait. Venant d'un homme d'affaires qui a construit un empire, il y a lieu de considérer sa façon de faire pour tout entrepreneur averti.

La beauté de la chose, c'est que l'on peut mettre sa foi là où l'on veut. Si je décide que je mets ma foi dans un brin d'herbe pour que mes désirs se réalisent, que j'en suis intimement convaincu, eh bien ! l'Univers répondra à ma demande, si c'est pour mon plus grand bien et celui des autres. Un enfant va demander des choses à son toutou et ce dernier, charmé par une demande aussi ingénue, les lui accordera sans hésiter. Des gens mettent leur foi dans une fontaine et ça fonctionne ! Il ne s'agit pas de superstition, mais de transfert d'énergie, nuance !

L'âme, le cœur et l'esprit

Tant les scientifiques, les philosophes que les spiritualistes accordent une très grande importance à l'esprit. Il est vrai que le cerveau est une machine formidable. Les uns l'encensent pour ses possibilités infinies, les autres le décrient en affirmant que le mental est le siège de la peur, qu'il aboie, crie, fait tous les temps et est la cause de bien des maux. C'est aussi par le cerveau que l'on peut analyser, imaginer, méditer, réfléchir, rêver, etc. En réalité, tout le monde a raison. Cependant, dans le niveau « esprit » de l'être humain, je fais une distinction entre le mental et la pensée. Le mental, ou l'intellect, a une fonction très précise, soit d'analyser. Il doit en effet traiter les quelque 60 000 informations que notre être reçoit quotidiennement, puis décider ce qui est bon ou non pour nous et ce, dès que nous avons l'âge de « raison ». C'est tout un travail, mais voilà son principal travail. Sa seconde fonction est d'amorcer l'analyse de résolutions de problèmes. Point à la ligne. Le « problème » est que nous l'utilisons à d'autres escients et que cela nous cause des… problèmes ! Ce n'est pas à lui de trouver des solutions. Vous pensez que cela n'a pas de sens ? Laissez-moi vous raconter une anecdote illustrant ce propos.

Alors que je travaillais à la Société d'arthrite de Québec, nous avions organisé un cocktail au Centre de recherche en rhumatologie de l'Université Laval. J'avais toujours eu un préjugé défavorable envers les scientifiques. Je trouvais que ces gens, bien qu'utiles à la société, sont toujours en retard en tentant d'expliquer ce que tout le monde sait déjà intuitivement ou simplement par le gros bon sens. De plus, ils ont la sempiternelle tendance à affirmer que, si un énoncé n'est pas scientifique, il n'est pas valable. Ce soir-là, par contre, je me ravisai. Je rencontrai des chercheurs, femmes et hommes à la fois charmants et humbles. Il régnait même une aura de sérénité sur l'étage. Je participais à une discussion lorsqu'un invité demanda à une chercheure si le Centre de Québec avait déjà fait une découverte. Celle-ci répondit par la négative. Et, à mon grand étonnement, elle ajouta : « Vous savez, la plupart des découvertes sont survenues par accident. » C'est-à-dire que les chercheurs trouvent là, ou au moment, où ils ne cherchaient pas nécessairement. Peut-être même avaient-ils arrêté de chercher…

Qu'arrive-t-il dans une telle circonstance ? Eh bien, le mental est à *off*, tout simplement. La personne cesse d'analyser et hop! la réponse arrive. Elle utilise le canal du cœur, l'intuition, pour recevoir une information qui vient de son Moi supérieur, lequel est «connecté» avec la Source, la Connaissance universelle. Pourquoi disons-nous souvent que «la première idée est toujours la bonne», ou que «la nuit porte conseil»? Je vous le donne en mille! À partir du moment où l'on se met en mode analyse pour régler un problème, on utilise la mauvaise fonction de notre être, tout simplement. Notre réflexe habituel est de se concentrer et de dire: «Je vais y réfléchir.» Or, si vous vous regardez dans un miroir, votre image est «réfléchie», n'est-ce pas? Il n'y a pas d'autre image, qu'un reflet de la réalité, alors que la réponse à un problème se situe ailleurs, à un autre niveau. Donc, le mental peut amorcer un processus de résolution de problème lors de la phase analyse, mais il doit rapidement se retirer. Voilà pourquoi il est essentiel, en période de recherche, de création ou de résolution de problèmes, d'observer un temps d'arrêt, de prendre du recul pour que l'information puisse nous être acheminée par le bon canal. Les grands génies, les grands inventeurs, les grands chercheurs sont des gens très intuitifs. Ils ont compris, consciemment ou non, comment ça marche. Bien sûr, ils doivent passer par la phase analyse, mais les éclairs de génie n'ont rien à voir avec cela.

L'autre composante de l'esprit, la pensée, est drôlement intéressante et puissante. C'est elle qui observe, crée, imagine, rêve, médite et prie. On sait maintenant que la pensée peut influencer la réalité. Dans le livre *Que savons-nous de la réalité?* un physicien raconte qu'à son réveil le matin, il planifie sa journée en se demandant: «Qu'est-ce que j'ai le goût de créer aujourd'hui?» J'ai eu la chance d'aller au lancement du film et du livre à Montréal. Un autre des physiciens interviewés dans le film donnait une conférence après la projection. Il rapportait qu'il médite depuis plus de quarante ans et qu'il a fait une expérience en se servant de la méditation. L'objectif était de modifier le pH de l'eau en l'augmentant de un dans un bassin et en le diminuant de un dans un autre bassin. Il a médité pendant plusieurs heures avec trois amis et l'objectif a été atteint. Le film rapporte également cette méditation de masse qui a eu lieu à Washington en 1993. On voulait diminuer le taux de criminalité de 25 % dans cette ville. On fit venir 4 000 personnes qui ont médité pendant trois jours et, encore là, l'objectif a été atteint, chiffres à l'appui. Et il y a une foule d'autres exemples semblables. Le pouvoir de la pensée est immense.

Quant au cœur, nous avons vu qu'il est « connecté » directement avec l'âme ou le Moi supérieur, il est son messager, son porte-parole, son attaché, celui qui est dans le « feu » de l'action (d'où vient sûrement l'expression « brûler d'amour » !). Il est le maître d'œuvre de tous les autres systèmes du corps, qui fonctionnent en synchronicité avec lui. Le cœur physique possède sa propre intelligence. Des chercheurs de l'Institut HeartMath aux États-Unis rapportent qu'on y dénombre 60 000 neurones et qu'il donne même des commandes au cerveau. Les chercheurs nous informent par ailleurs que le cœur commence à battre par lui-même dans le fœtus, il n'attend pas une commande du cerveau pour le faire. Les deux sont physiquement reliés, mais on pensait autrefois que c'était uniquement le cerveau qui donnait des commandes au cœur, alors que l'on sait maintenant que l'inverse est également vrai. Le cœur capte donc des informations provenant de notre Moi supérieur et les transmet à notre esprit.

Résumons l'exposé :

- l'âme (Moi supérieur) possède la connaissance, ressent et envoie de l'information au coeur ;
- le cœur aime, est intuitif et agit comme messager (on verra plus loin qu'il est également un accélérateur de temps) ;
- la pensée observe et crée ;
- le mental analyse brièvement, puis se tait.

Il nous arrive souvent d'être dans le cœur, mais on l'est plus ou moins consciemment et, la plupart du temps, on se promène entre le cœur, qui représente l'amour, et l'esprit, où siège notamment la peur. Et toute notre vie est régie par ce duel constant. Cela est vrai dans notre vie personnelle et professionnelle. Il suffit de penser à l'investisseur – il a confiance ou il est craintif – ou à soi, lorsque vient le temps de prendre une décision. Les bédéistes illustrent cette dualité par le petit ange et le petit démon.

Que doit-on faire alors au moment où se présente cette situation difficile ? D'abord, l'accueillir, remercier la Vie de nous faire vivre une telle expérience, car on sait qu'elle est là pour nous faire grandir ; elle prend la forme d'un magnifique cadeau à venir. Il ne sert à rien de résister. Pensez à la fable du chêne et du roseau. La solidité du chêne ne peut faire face à la tempête, alors il craque ; le roseau plie sous le vent et redevient droit quand la tempête est terminée. En remerciant la Vie pour cette expérience, on fait comme le roseau et l'on met alors tout en œuvre pour que la résultante, ou la solution, se présente avec facilité. Voilà exactement ce que j'ai fait pour revenir sur la voie du bonheur en très peu de temps. Car ce faisant, on met le cœur en action, on lui demande de nous donner un coup de main pour traverser cette étape difficile de notre voyage. Nous demeurons à ce moment dans une énergie de hautes vibrations, en « connexion » avec l'Essence même de la Vie, qui est pur amour.

Comment on fait?

Pour régler une situation « problématique », ou un bouquet de difficultés

— Mettre la main gauche sur son cœur.

— Déclarer un temps d'arrêt en prenant trois bonnes respirations conscientes.

> La respiration est primordiale pour l'être humain. On peut vivre plusieurs jours sans manger, mais quelques minutes à peine sans respirer. Et avec le rythme de vie trépidant que nous menons, nous respirons en haletant, notre cerveau et tout notre corps souffrant de ce manque d'oxygénation. Respirer profondément trois fois indique clairement à notre être que nous nous occupons de lui.

— En même temps que l'on respire, proclamer haut et fort: STOP, ou quelque expression qui nous convient!

> Quand la Vie nous amène ce genre de situation, on se doit de prendre du recul face à l'événement, de se recentrer en reprenant contact avec soi, en allant dans le cœur.

— Remercier la Vie de nous faire vivre une telle expérience parce que nous SAVONS qu'elle nous apporte un cadeau, et que plus la situation paraît difficile, plus le cadeau est grand.

— Demander à son cœur de faire jaillir une solution douce, réconfortante et enrichissante à la situation que l'on vit.

— Visualiser et sentir comment l'on sera après l'épisode que l'on vit à ce moment et remercier la Vie pour cette guérison, qui est déjà accomplie.

— Laisser aller.

De toutes les étapes énoncées précédemment, la dernière représente, pour la plupart d'entre nous, la plus difficile, car on demande alors à notre esprit de ne pas s'en
mêler. Et l'esprit aime bien « s'emmêler ». Mais comme on
a activé le cœur... Il s'agit simplement de visualiser et de
sentir la finalité de notre demande, sans décider du chemin du retour vers la guérison. Pourquoi ? Parce que, si
l'on décide comment cela se passera, on utilise le mental
et, comme nous l'avons vu, ce n'est pas son rôle de trouver
des solutions. On se coupe alors de notre source, de notre
Moi supérieur, et on se limite. De plus, le mental fonctionne par associations en relation avec des expériences
passées. Il pense à tort que tout ce que l'on peut faire
pour régler un problème est inclus dans ce cadre. Or, pour
qu'un problème porte ce nom, il faut obligatoirement qu'il
soit nouveau. Il s'agit d'une chose que l'on n'a jamais réglée
auparavant et sa résolution se situe à l'extérieur du cadre.

Il y a quelques années, j'ai suivi une formation en planification stratégique et le formateur en vint à parler des
paradigmes. Un paradigme constitue un modèle que l'on
croit immuable : c'est ainsi que ça se passe depuis plusieurs
années, tout le monde en convient, et c'est ainsi que ça
doit continuer à se passer. Un des meilleurs exemples pour
illustrer ce concept est sans contredit celui des montres
au quartz. Auparavant, les Suisses détenaient le mono-
pole de la fabrication des montres, à l'époque où celles-ci
étaient actionnées par un mouvement mécanique. On
n'aurait jamais pensé qu'il pût en être autrement. Un jour,
lors d'un grand salon mondial, les Japonais arrivèrent avec
des montres au quartz. Les grands manufacturiers suisses
refusèrent de se tourner vers cette nouvelle technologie

et continuèrent à produire des montres mécaniques… et perdirent 60 % du marché mondial des montres, et ce, en très peu de temps. Savez-vous qui avait inventé la montre au quartz ? Un Suisse. Il avait déjà proposé son invention, mais s'était fait débouter par les grands manitous de son propre pays. Il était sorti du cadre. Souvent, les grandes inventions proviennent de gens qui n'ont même jamais travaillé dans le domaine de l'invention en question. Eurêka, ils ont eu un éclair de génie, dit-on !

Le même formateur nous fit faire un exercice, que je trouve fort intéressant et révélateur. Il s'agit de dessiner, sur une feuille ou sur un tableau, neuf points à égale distance l'un de l'autre, de façon à ce qu'ils forment un carré. Puis de relier les neuf points en question par une ligne sans jamais lever le crayon ou la craie. C'est impossible ! Sauf si l'on sort du cadre… Alors, la solution d'un problème se situe ailleurs, dans une autre sphère. C'est notre Moi supérieur qui détient la réponse, car il est en contact avec l'Univers, et il la ramènera à notre cœur, qui la transportera jusqu'à notre pensée. À partir de là, on pourra la matérialiser en la transposant dans le FAIRE, dans l'action. Si ce chemin vous paraît compliqué, ne vous en faites pas ; le processus se fait tout seul à la vitesse de l'éclair… lorsqu'on est dans le cœur. C'est donc en faisant la demande, puis en lâchant prise et en se laissant guider, que la solution se manifestera dans votre vie.

Rêver le bonheur

Si, demain matin, le Québec au grand complet se retrouvait dans son cœur, le taux de suicide serait ramené à zéro, la morosité serait chassée de l'esprit des femmes et des hommes, il n'y aurait plus de viols ni de violence, les gens diraient que la vie est belle dans les sondages, le ciel serait plus bleu… Utopie ? Il est permis de rêver. On doit rêver la paix pour obtenir la paix, car la paix engendre la paix, tout comme on doit rêver à une planète verte pour qu'elle soit en santé et on doit rêver d'être bien dans sa peau pour être heureux, car le bonheur engendre le bonheur. Le rêve est le prélude à l'action et à la matérialisation des images qu'il contient. Alors, rêvez que vous êtes dans votre cœur et je vous promets que vous serez heureux. En fait, à compter du moment où vous le rêvez, vous l'êtes déjà. Entre l'énoncé d'une intention et sa manifestation dans la réalité, le temps n'existe pas.

Vivre dans le cœur, c'est écouter la musique des oiseaux et du vent dans les arbres lorsqu'on marche, être cœur à cœur avec des gens que l'on aime, envoyer de l'amour aux personnes qui vivent des difficultés et faire de même aux personnes avec lesquelles nous avons une relation difficile. C'est respirer l'odeur des feuilles à l'automne, chanter à tue-tête, retrouver l'enfant en soi et le faire s'émerveiller devant un flocon de neige, flatter le chien du voisin, mettre de l'amour dans chacun de nos gestes, dans chacune de nos paroles, dans chaque regard que l'on pose et en être pleinement conscient. À ce moment, nos vibrations s'élèvent, notre vie est remplie de magie, nous vivons des expériences merveilleuses et nous pouvons déclarer haut et fort : oui, je suis heureux, intrinsèquement heureux ; je nage dans le bonheur.

* SIX *

Pourquoi ça m'arrive ?

RIEN n'arrive pour rien. Si la Vie vous amène des événements, quels qu'ils soient, chacun est placé là pour vous faire grandir. J'ai souvent entendu des gens dire : « J'ai fait des erreurs dans ma vie et je le regrette », ou : « J'ai fait des mauvais choix. » Rassurez-vous, chaque geste que vous avez posé et chaque choix que vous avez fait étaient les bons, chaque demande que vous avez adressée à l'Univers était parfaite, chaque événement qui est arrivé dans votre vie avait sa raison d'être et se produisait au bon moment. Tout est une question de perspective. Si vous voyez le côté de l'ombre en tout, voilà l'expérience que vous vivrez et les conséquences ne seront pas nécessairement heureuses. Mais si vous voyez le côté de la lumière, à savoir que l'événement était placé là pour une raison précise dans le but de vous faire grandir, votre expérience sera toute autre.

> Tout ce qui est en haut est comme ce qui est en bas,
> et tout ce qui est en bas est comme ce qui est en haut.

Derrière chaque expérience, il y a une symbolique, il s'agit de la trouver. Si je pense à mon amie qui s'est fracturé une jambe, il était clair, d'une part, que la Vie lui a dit d'arrêter, car elle allait trop vite, et, d'autre part, qu'il s'est produit une « cassure » entre la vie qu'elle menait et celle qu'elle allait entreprendre. Tout s'est mis en place pour qu'un tel changement s'opère. Je connais une autre personne qui a eu un accident d'automobile; celle-ci, après avoir dérapé sur le pavé humide, a terminé sa course contre un pilier de béton entre les deux côtés de l'autoroute. Cette personne, qui sait «comment ça marche», m'a simplement dit: «Il faut voir ce qui se cache derrière cette symbolique, en l'occurrence frapper un mur!» On me dira que ça joue dur parfois dans les coins, mais avec le recul, ces personnes affirment maintenant que c'était très bien ainsi. Elles ont compris ce qui se passait et ont guéri quelque chose d'important dans leur vie. Regarder les événements dits «difficiles» avec l'œil de la sagesse nous fait grandir et nous rend meilleurs.

Le plus beau cadeau

Car il s'agit de comprendre pourquoi de tels événements se produisent. Qu'est-ce que la Vie veut m'apprendre, qu'est-ce que j'ai à régler? Je vous ai fait part des guérisons que j'ai obtenues avec la fin de ma relation avec Sylvie. Qu'en est-il maintenant de ma guérison par rapport à la faillite? Pourquoi ai-je dû vivre cela? Avec le recul, je me suis rendu compte que je remettais mon pouvoir entre les mains des autres, je n'étais pas maître à bord. Je laissais mon navire ballotter au gré des flots, des vagues, des tempêtes… J'étais un capitaine qui se terrait dans ses quartiers alors qu'il aurait dû être sur le pont, à la barre et au commandement de son équipage. Mon navire voguait donc au gré des courants, des tempêtes et des navires ennemis. Je ne savais pas qu'il y avait autant de pirates encore aujourd'hui et que je tournais des films de série B, du genre *Pirates des temps modernes*! Bref, je n'étais pas maître à bord et la Vie a fait en sorte de me le montrer afin que je franchisse une étape importante de mon voyage. Le cadeau était là.

Cette façon de faire – être maître à bord – était nouvelle pour moi. Je n'avais pas pris la décision de me marier avec ma première épouse : elle me l'a demandé et je trouvais que c'était une bonne idée. Un jour, elle me dit qu'il serait bien que l'on ait des enfants… et je trouvai l'idée excellente (remarquez que nous avons deux beaux garçons dont nous sommes très fiers aujourd'hui et que j'aime beaucoup) ! Quelques années plus tard, elle me dit que notre union n'allait nulle part et que nous devions nous séparer ; la tête entre les jambes, je quittai la maison. Ce fut le même mauvais film dans mes relations subséquentes.

Décidément, les pirates sont partout, même, et surtout, dans le monde des affaires ! Je fondai, avec mon beau-frère de l'époque, une compagnie qui avait mis au monde un atelier d'ébénisterie et un café. Mon beau-frère me signifia à plusieurs reprises de me méfier du propriétaire des locaux que nous avions loués. Je ne le croyais pas, moi qui fais confiance aux gens sur parole. L'aménagement du café avait coûté beaucoup plus cher que prévu et cet homme nous offrit de mettre les achats des matériaux sur le compte de la quincaillerie du coin, qui appartenait à son père, compte que nous pourrions acquitter au fil des entrées d'argent des commerces. Mais quand le café fut ouvert, il nous signifia que l'on devait régler la totalité du montant dans les 30 jours. Notre jeune entreprise fit faillite et le propriétaire reprit le café et l'exploita.

Il m'est arrivé deux fois de sous-louer un appartement et, dans les deux cas, j'ai eu de la difficulté à être payé. En fait, la première fois où cela s'est produit, j'avais sous-loué à un ami (?), qui ne m'a jamais versé un sou. Nous étions en septembre et le bail se poursuivait jusqu'au 30 juin de l'année suivante. Pouvez-vous imaginer, lorsqu'on gagne un salaire moyen, ce que cela représente de payer double loyer? Ce soi-disant «ami», qui était sans emploi, m'avait dit qu'il avait trouvé du travail dans une importante entreprise de la région. Je l'ai cru. Je n'ai pas écouté un autre ami qui me disait de me méfier de lui, car il s'était fait avoir de la belle façon alors qu'il était malade et que notre «ami» commun s'occupait de ses affaires. La belle affaire!

Je vous ferai grâce des détails – vous pouvez les imaginer – concernant les tractations et les revendications que j'ai pu faire, mais j'en suis arrivé à mandater un huissier pour l'évincer de l'appartement. Je devais être présent et l'ami en question s'agenouilla devant moi et me supplia de lui donner un dernier sursis en me jurant sur la tête de sa fille qu'il me verserait tout l'argent qu'il me devait dans les deux jours. Je l'ai encore cru et je signifiai au huissier de partir. Et il est arrivé ce qui devait arriver, c'est-à-dire rien! Je venais de faire connaissance avec un menteur notoire, comme je les appelle. Ces personnes qui peuvent vous regarder droit dans les yeux, dire que c'est blanc alors que c'est noir et vous le jurer sur la tête de leur fille!

Je pourrais également vous parler de multiples autres aventures du genre et j'en serais rendu à réaliser le film *Pirates des temps modernes XXII*.

Mais pourquoi donc la Vie a-t-elle mis sur mon chemin ces menteurs notoires, ces manipulateurs de grand chemin et ces profiteurs professionnels? Entendons-nous bien: chaque être humain est placé sur notre route pour une raison précise et ce n'est pas un hasard si j'ai croisé de telles personnes. Il m'a fallu rencontrer l'ultime manipulateur et vivre cette faillite pour me rendre compte que je ne m'affirmais pas face à des individus forts en gueule, que je n'utilisais pas mon discernement, que je n'étais pas à l'écoute des messages que je recevais, bref que je n'étais pas maître à bord. Depuis que je suis tout jeune, je faisais confiance à tout le monde. Je me suis toujours dit que « tout le monde il est beau, tout le monde il est gentil » et que je pouvais faire confiance aux autres jusqu'à preuve du contraire. Je suis du genre à laisser la chance au coureur.

En ce qui me concerne, ce thème, « être maître à bord », se traduisait par « prendre ma place, m'affirmer ». Cela a toujours été pour moi tout un défi. Quand j'étais petit, j'étais... petit. « Y'é donc ben p'tit, vot' p'tit gars » disaient les bonnes femmes à ma mère, devant moi ! Il est vrai que j'avais l'ossature d'un chat de salon, mais ces gentes dames ont fait en sorte que mon physique soit réducteur à mes yeux. J'étais fait petit et je n'y pouvais rien, mais j'ai transposé cette petitesse, cette infériorité par rapport aux autres, dans mes relations avec eux. Je devais toujours en faire plus pour être à leur égalité.

Le premier fut mon père ; je me trouvais bien petit face à un homme qui excellait dans tout. Pour être « grand », je me souviens, au cours de ma première année de secondaire alors que j'étais pensionnaire, avoir fait des poids et haltères dans la salle d'entraînement qui jouxtait le dortoir... avant d'aller me coucher ! J'étais de plus affublé d'un autre handicap : incompétence viscérale et intrinsèque en mathématiques. C'est une tare de naissance, je crois. J'ai appris à soustraire en troisième année. Je ne pouvais pas comprendre pourquoi il fallait en enlever. Un jour, après avoir raté un examen en septième année, le professeur me fit lever devant toute la classe pour me dire à quel point je ne ferais jamais rien de bon dans la vie sans mathématiques. Celles-ci ouvraient toutes les portes. Il m'a humilié au point de me faire pleurer. Pas étonnant par la suite que je me sois défoncé pour épater la galerie, ce qui m'a occasionné bien d'autres maux. En somme, je n'étais pas à la hauteur. Je pouvais être un leader, comme être président de ma classe, s'il n'y avait pas de compétition. Mais dès l'instant où quelqu'un d'autre se pointait, je m'effaçais. Si je jouais en double au badminton, je laissais l'autre occuper le terrain.

La Vie a donc fait en sorte que je rencontre des gens destinés à ramener l'équilibre – car s'il y a des manipulateurs, c'est qu'il y a des gens comme moi qui doivent apprendre à s'affirmer – dans mes relations afin que je reprenne la maîtrise de mon navire. Je les remercie de tout cœur d'avoir été là pour m'aider à définir qui je voulais devenir. Sans eux, je ne serais pas l'homme que je suis maintenant. Aujourd'hui, je suis et je me sens maître de moi, de ma vie présente et de ma destinée, je prends la place qui me revient et je sais où je m'en vais, car je n'allais justement nulle part. Et, n'ayant pas de destination, la Vie a fait en sorte de mettre des balises sur mon chemin. Je devais reprendre le gouvernail et diriger mon navire sur la route que moi, j'avais choisie. Le capitaine est là pour tracer l'itinéraire, maintenir le cap et guider son équipage. Si la tempête se lève, c'est lui qui prend le gouvernail, car il est celui qui connaît le mieux son bateau et les mouvements de la mer. Oui, je suis maintenant maître à bord et je ne m'en porte que mieux. En prime, je détecte les manipulateurs et les menteurs, même si je ne les ai pas rencontrés, et je préviens les autres…

Question d'équilibre

Mon voyage m'a amené à vivre toutes sortes d'aventures et la Vie m'a offert plusieurs temps d'arrêt pour grandir. J'ai vécu l'amour et l'abandon, le rêve de la richesse et l'affres d'être sans le sou, les amis qui sont venus puis repartis, la reconnaissance et le rejet. Cette alternance entre les moments heureux et les moments difficiles me fait penser aux vagues de l'océan. Car, pour qu'une vague soit une vague, ne faut-il pas qu'il y ait un creux et un haut de vague, une vague qui frappe le rocher, pendant qu'une autre revient à la mer? Un océan ne serait pas un océan sans l'effet de sac et de ressac de ses vagues. La Vie n'est-elle pas ainsi faite qu'elle nous amène un jour un événement heureux et un autre jour un moment difficile? C'est dans sa nature même, son essence. Ce mouvement binaire est à l'origine même de la Vie, c'est même grâce à ce mouvement de va-et-vient que nous avons été conçus!

Comment interpréter les « creux de vague », les événements que nous considérons comme des « épreuves »? Certains diront: « Qu'ai-je donc fait au Bon Dieu pour mériter cela? » « Quel karma suis-je venu effacer? » Je ne crois pas du tout au karma, enfin ce concept qui dit que l'on doit payer pour ce que l'on a fait dans le passé. Pas plus que je crois à: « Quand tu craches en l'air, ça te retombe sur le nez. » Voilà des idées qui sont tout à fait contraires aux principes de base de l'Amour universel. Comment l'Univers peut-il être Amour et se faire vengeur? Il nous aime comme on aime un enfant d'un côté et serait punitif de l'autre ? C'est l'homme, ou plus précisément l'esprit de l'homme, qui a établi ces concepts de récompense et de punition.

Alors, pourquoi des événements douloureux surviennent-ils ? Est-ce que cela a un rapport avec ce qui est bien et ce qui ne l'est pas ? Ne dit-on pas, lorsqu'il nous arrive quelque chose d'agréable, que cette chose est positive et que, si elle est désagréable, elle est négative ? Ces questions amènent à parler des contraires. Ne vit-on pas justement dans un monde polarisé, semblable à une pile, où rien ne peut exister sans son contraire ? Le haut et le bas, le chaud et le froid, le gros et le petit, le passif et l'actif, le yin et le yang, ainsi de suite. Si le jour représente l'élément positif, et que la nuit se situe du côté négatif, est-ce que la nuit est « mauvaise » ? Non, elle est même nécessaire au repos de la nature… et des hommes. Alors, si le haut de la vague représente l'élément positif et le creux de la vague l'élément négatif, dira-t-on que l'un est bon et que l'autre est mauvais ? Bien sûr que non. La notion de bien et de mal est dès lors révolue. Car ce qui est considéré comme bien par les uns sera mal pour les autres. Ce qui est bien dans certains pays est mal dans d'autres pays. Auparavant, il était mal de manger de la viande le vendredi, aujourd'hui c'est permis. Il est mal de tuer un être humain, mais pour certains extrémistes religieux – il suffit de penser au temps des croisades –, tuer un infidèle au nom de Dieu est bien.

Un jour, je reçus un appel d'une amie qui me fit part à quel point tout allait de travers dans sa vie à ce moment-là : elle en bavait financièrement, sa santé était chancelante, elle n'avait pas d'amoureux, elle suivait une formation qui était très exigeante, bref elle n'était pas d'humeur à plaisanter.

— Mais c'est extraordinaire, lui dis-je.

— ? X!...

— Bien sûr, ne vois-tu pas que la prochaine étape de ta vie sera remplie de merveilles?

— ? X!...

Est arrivé ce qui devait arriver. Quelques semaines plus tard, elle commençait un nouvel emploi fort lucratif dans lequel elle avait vraiment trouvé sa voie. Sa santé s'améliora et... elle aura un nouvel amoureux incessamment (voir le chapitre « L'amour, toujours l'amour »). Il était évident à mes yeux qu'une période de beau temps l'attendait, sachant également que la période qu'elle vivait présentement, son creux de vague, était nécessaire à l'étape suivante de son voyage.

Penser que le négatif n'est pas bon, c'est renier 50 % de ce qu'est la vie. Ainsi donc, les creux de vague sont nécessaires, car ils représentent la moitié des expériences de vie du voyageur. Remarquez que je sais très bien ce que l'on entend par « être positif »: il s'agit d'avoir de « bonnes » pensées qui attireront dans notre vie des gens, des situations et des résultats agréables dans ce que nous entreprenons et mettons en place. En somme, être positif réfère aux « bonnes » choses. Et « être négatif » s'apparente aux « mauvaises » choses: des pensées de perte, la vie en noir. Mais être positif seulement, c'est nier que le négatif existe et qu'il fait se manifester des expériences et des résultats. Est-il possible d'allumer une lumière en branchant uniquement le fil positif? Il n'arrivera rien. L'automobile ne peut démarrer s'il n'y a que la borne positive de la batterie qui est mise sous tension. Les deux bornes réunies produisent du courant servant à alimenter le démarreur et, par la suite, à faire fonctionner le moteur et l'ensemble du véhicule. Dirons-nous alors que la borne positive de cette batterie est « bonne » et que la borne négative est « mauvaise » ? Eh bien ! non, c'est le principe de polarité, voilà tout ! Qualifier des gestes, des pensées ou des comportements de bien ou de mal est un jugement de la partie mentale de l'esprit.

Arrive donc dans notre vie une situation dite « problématique » (la borne négative ou le creux de la vague). Au moment où cela se produit, la solution n'existe pas dans la réalité, elle ne peut qu'exister dans l'absolu. On utilisera alors la pensée créatrice, ou la visualisation, pour formuler ou imaginer la situation comme étant réglée (la borne positive). On va dans son cœur, on laisse aller et hop ! La Vie se charge du reste. Au bon moment, de la bonne façon, la lumière (la solution) jaillira et notre « problème » sera résolu (le cadeau). Rien ne sert de forcer, il faut allumer à point ! C'est le même phénomène que j'illustrais au début de ce livre lorsqu'il s'agit de planifier un voyage. Nous ne sommes pas encore partis, mais en pensée, nous avons fait beaucoup de chemin. Afin de prévoir le maximum de possibilités, nous l'avons visualisé et avons ainsi prévenu des séquences problématiques, qui ne sont pas souhaitables.

Donc, nous sommes ici pour vivre des expériences et nous évoluons dans un monde polarisé où rien ne peut exister sans son contraire. Voilà exactement ce qui se passe : des expériences contraires. Et la vie oscille comme les vagues de l'océan, comme un pendule auquel nous imprimons un mouvement de gauche à droite. Si le mouvement est accentué, ainsi seront nos expériences de vie : des périodes de grand bonheur alterneront avec des périodes dites « difficiles » d'une grande intensité. Vous connaissez sûrement des gens qui ont des personnalités intempestives. Remarquez comment ils vivent des expériences contraires extrêmes, qui sont en lien avec leur personnalité, par exemple de grands élans de joie suivis de grands moments de déprime. Si le mouvement est ténu, alors l'intensité des expériences sera ténue. Et, encore là, nous connaissons tous de telles personnes.

C'est une question d'équilibre. Mais jamais, au grand jamais, la Vie ne nous fera vivre des épisodes que nous sommes incapables de gérer. Si nous vivons un passage que nous qualifions de « difficile », nous avons alors tout le potentiel pour régler la situation, il s'agit simplement de le savoir. Nous devons considérer ce passage non pas comme une épreuve, mais comme une occasion de grandir, sachant qu'au bout du compte un immense cadeau nous attend. Tout change alors de perspective. Bénissez ce qui vous arrive et remerciez la Vie pour ce cadeau. Ce faisant, vous vous transportez dans votre cœur et vous franchirez en vainqueur cette étape de votre voyage et ce, rapidement.

Pendant la phase de résolution de problèmes « humains », nous aurons très certainement à vivre des émotions, ce qui est très sain. Être dans le cœur et vivre ses émotions à la fois (la double nature) permet d'agir en accord avec le principe de polarité. Pour extirper la douleur, il est impératif d'exprimer ce que nous ressentons, car, comme le dit bien l'expression, « tout ce qui ne s'exprime pas s'imprime ». Et, en étant à la fois dans le cœur et dans l'expression de nos émotions, qui se situent au niveau de l'esprit, nous ne serons pas obligés de passer par les étapes de la souffrance, de la maladie, de la dépression et, ultimement, du suicide.

C'est un choix que nous avons à faire, alors aussi bien se faciliter la vie en exerçant l'option la plus agréable pour soi ! Je me souviens très bien d'avoir eu à faire ce choix au moment où j'avais tout perdu et où je risquais de me retrouver seul à la rue. J'en étais très conscient. Le choix s'apparente au chemin que suit le navire. S'il dévie de son axe, cela paraîtra peu au début, mais après quelque temps, il se sera éloigné passablement de sa route et, au bout du compte, il n'atteindra pas le port qui était sa destination. Mais consolez-vous, si vous choisissez le chemin de la souffrance, dites-vous bien qu'après la pluie le beau temps et que le calme suit la tempête. La Vie fera en sorte de vous ramener sur votre itinéraire, il suffit de lui en donner la permission.

L'expérience des contraires se traduit également par les déclarations que l'on fait. Si, par exemple, vous dites être généreux, soyez assuré que la Vie vous amènera une situation où vous serez confronté avec le fait d'être ou de ne pas être généreux. Et si vous décidez d'activer l'ouverture permanente du cœur, il s'ensuivra une série d'épisodes en relation avec cette nouvelle façon d'être. C'est comme si la Vie disait : « D'accord, tu as choisi de vivre dans le cœur, nous allons maintenant l'expérimenter. » Vous vivrez alors des moments de grâce suprême, en alternance avec d'autres moments (comme les enfants rois de votre frère qui mettent votre baraque à l'envers en criant à tue-tête) où vous aurez l'occasion de mettre en pratique votre nouvel état. Ça n'a rien à voir avec le karma. Après que le pendule aura oscillé d'un côté à l'autre, il se stabilisera et vous ramènera en des eaux calmes où vous pourrez savourer qui vous êtes devenus. L'équilibre sera atteint.

Alors, si vous perdez un être cher, pleurez et évacuez la douleur, puis envoyez-lui de l'amour en le remerciant de vous avoir accompagné dans les étapes de vos voyages respectifs. Si vous perdez votre emploi, ragez s'il le faut, puis remerciez votre ex-patron de vous avoir permis d'acquérir expérience et connaissances, qui vous seront utiles pour la prochaine étape de votre voyage professionnel. Si quelqu'un manque de respect envers votre mère, exprimez votre colère, puis envoyez-lui de l'amour en bénissant cette personne. Si la maladie vous frappe, soyez triste, puis remerciez la Vie, car elle demande à ce que vous guérissiez un conflit jusqu'alors non résolu. Voyez la beauté et la perfection en tout, car la Vie est pur amour et ne demande qu'à ce que vous soyez heureux, intrinsèquement heureux. Elle vous aime, elle vous aime plus que tout, comme jamais vous ne pourrez l'imaginer.

Deuxième partie

Le gouvernail
du bonheur

SEPT

La santé avant la fin de vos jours

C E N'EST PAS un hasard si j'aborde « Le gouvernail du bonheur » (santé, amour, abondance) en parlant de la santé. « Quand la santé va, tout va », affirme le dicton. Rien de plus vrai. Il suffit d'être envahi par la fatigue, après avoir passé une mauvaise nuit, pour voir tout en noir, ou d'avoir un mal de tête pour être dysfonctionnel et pour que notre journée soit gâchée. Alors, qu'arrive-t-il quand nous développons une maladie dégénérative ou chronique ? Notre vie s'effondre.

La médication

J'ai côtoyé pendant plusieurs années des thérapeutes en médecine traditionnelle et en médecines complémentaires, ou médecines douces, et j'ai fait moi-même beaucoup de lecture sur le sujet, en plus de vivre mes propres expériences. Je peux affirmer aujourd'hui qu'aucun médecin ou thérapeute et qu'aucun médicament, qu'il soit synthétique ou naturel, ne fait seul le travail – même s'il s'agit de traitements de chimiothérapie pour guérir d'un cancer – et que c'est le sujet lui-même qui se guérit. Si le conflit à la base d'un cancer n'est pas résolu, peut-on parler vraiment de guérison ? Il n'y a plus de symptômes, mais il manque une partie du travail, dont la résultante serait la guérison totale. Je dirai cependant « avantage pour » les médecines douces, car celles-ci travaillent en profondeur à renforcer notre système immunitaire, plutôt qu'à traiter les symptômes comme le fait la médecine traditionnelle occidentale. De plus, un thérapeute en médecine complémentaire sera à l'écoute de son patient, prendra le temps de dialoguer avec lui et aura une approche globale de retour à la santé. Par contre, je rêve du jour où toutes les écoles de pensée se réuniront et cesseront de clamer haut et fort que chacune a raison, mais travailleront plutôt de concert au mieux-être des patients.

J'ai connu une personne qui est devenue diabétique au début de la quarantaine et qui avait très bien identifié l'événement qui s'est avéré le déclencheur de la maladie. Mais cette personne travaillait dans le domaine de la santé traditionnelle et se butait à prendre la médication traditionnelle, qui soulage mais ne guérit pas, sans parler des effets secondaires qu'elle produit. Il n'y a rien de drôle à être diabétique, arthritique ou fibromyalgique ou tous les « iques » que vous voudrez et je trouve fascinant qu'on adopte ces maladies comme faisant partie de nous en les nommant « mon » diabète, « mon » arthrite, etc. On les flatte, on les dorlote, et, avec l'aide des médecins, on les décortique pour bien les comprendre, puis on se les approprie. Elles ne sont pas une excroissance, elles font maintenant partie de notre corps et de notre vie. J'ai toujours refusé la fibromyalgie. Mais attention, je ne l'ai pas niée, nuance ! Si on a un mal de dos, il ne s'agit pas de se dire que tout va bien, qu'on est positif et que ça va disparaître tout seul. On doit se souvenir qu'il y a deux bornes à la batterie et que la borne positive ne peut à elle seule faire fonctionner la voiture. La borne négative (le mal de dos) doit être jumelée à la borne positive (la pensée de guérison, la vision de retour à la santé) pour produire l'effet désiré (le cadeau : la santé). En reconnaissant que j'étais fibromyalgique, j'observais que mon corps était envahi par cette maladie. Étant observateur, je prenais donc une distance par rapport à celle-ci. Je faisais simplement un constat, j'accueillais cet état de fait. À partir de là, j'étais en mesure de dire : « Bon, maintenant, qu'est-ce que je fais avec ça ? »

J'ai travaillé quelques semaines à la Société d'arthrite afin d'orchestrer la campagne de financement annuelle. J'étais dans un milieu de médecine traditionnelle et je le savais bien. Dans le cadre de mon travail, on me demanda d'assister à une formation qui s'adressait à des futurs animateurs de groupe eux-mêmes arthritiques, lesquels devaient par la suite avoir suffisamment de bagages pour aider les arthritiques à bien vivre avec « leur » arthrite au quotidien. Le formateur fit un tour de table pour que chaque personne exprime son vécu en regard de la maladie. On dénombre une centaine de formes d'arthrite, seulement une infime partie pouvant être guérie, selon la médecine traditionnelle. L'une des personnes était fibromyalgique. Comme je m'étais guéri de cette maladie, je livrai mon témoignage dans le but de donner de l'espoir à cette personne. Je fus d'abord surpris du peu d'intérêt de l'ensemble des participants envers mon expérience de guérison. Mais je fus surtout déçu du manque total d'intérêt de la personne fibromyalgique, qui ne me questionna nullement pour en savoir plus. Ce fut une autre participante, dont une amie était atteinte de la maladie, qui vint échanger avec moi pour obtenir de l'information sur mon cheminement. Comme ma directrice n'avait pu participer à ces jours de formation, je lui racontai plus tard comment j'avais retrouvé la santé. Elle trouvait cela merveilleux, mais ajouta : « Tu sais que l'on ne peut parler de cela ici. » Quand on est dans un monde de pilules, on fait face à un mur. Pourtant, l'un des membres du conseil d'administration, arthritique depuis plusieurs années, se refusait à ingurgiter toute médication synthétique, et faisait plutôt un travail intérieur, ne serait-ce que par l'attitude qu'il avait développée envers la maladie. Il considérait vraiment celle-ci comme une excroissance de son corps, et non comme en en faisant partie intégrante. Il était parfaitement fonctionnel et consacrait sa vie à aider les personnes atteintes d'arthrite. Je le trouve admirable.

Avant de devenir thérapeute, Carole enseignait la musique en tant que suppléante au niveau primaire. Un jour, un élève à qui l'on prescrivait du Ritalin, était dans un état de surexcitation extrême. On avait oublié de lui donner sa médication cette journée-là. Il bougeait sans arrêt, puis se mit à enjamber les bureaux de ses camarades en criant à tue-tête. C'était la première fois qu'elle entrait en contact avec un hyperactif et elle était déroutée. Elle réussit cependant à l'attirer au piano en lui demandant de jouer avec elle sur les notes noires. On peut facilement improviser sur ces notes sans jamais fausser. Au début, il martela le piano à coups de poing. Puis, petit à petit, elle réussit à l'amener à l'accompagner. Après une dizaine de minutes, les deux jouaient un air digne des grands noms du jazz, dans un rythme paisible. Après l'exercice, le jeune retourna à son pupitre et resta calme tout le reste du cours… sans médication !

Lorsqu'elle devint employée permanente, Carole mit sur pied une harmonie scolaire. Les élèves, les enseignants et les parents étaient enchantés de l'expérience, car les résultats dépassaient les attentes, non seulement en regard de la performance artistique, mais pour toutes les qualités que les enfants arrivaient à développer, dont le respect, l'écoute et le partage. De plus, il est prouvé scientifiquement que la musique aide à développer les facultés intellectuelles. Elle leur prodiguait autant d'amour que d'enseignement et les jeunes l'adoraient. Elle les voyait s'améliorer et cela la comblait. Un de ces enfants était particulièrement doué. Il avait une oreille hors du commun, le sens du rythme et du jeu d'ensemble ainsi qu'une belle dextérité avec son instrument. Presque du jour au lendemain, cet élève qui, peu de temps auparavant se démarquait des autres, avait maintenant de la difficulté à suivre ses camarades, manquait de concentration, arrivait en retard et ne suivait plus du tout le rythme. Elle le questionna, mais n'obtint qu'une réponse évasive. Elle s'informa auprès de sa titulaire et celle-ci lui apprit qu'on avait prescrit du Ritalin au jeune, notamment parce qu'il manquait de concentration. Comment cela était-il possible ? Comment un enfant pouvait-il avoir de la concentration en musique – et Dieu sait que cet art en demande – et ne pas en avoir dans sa classe régulière ? Il avait de surcroît les yeux rougis et manifestait des pointes d'agressivité. Cette situation la dégoûta. Elle était impuissante devant le système, elle ne pouvait rien faire. Cette expérience lui insuffla le goût de devenir thérapeute et de se spécialiser auprès des enfants.

Quelques années plus tard, elle organisa un camp d'été d'une semaine pour des enfants ayant des problèmes de comportement, des troubles d'apprentissage ainsi que de déficit de l'attention avec ou sans hyperactivité (TDA/H). Une des conditions pour participer au camp était de ne pas prendre de médication, ce qui, dans le cas d'un hyperactif, ne pose généralement pas de problème puisqu'on suspend souvent la médication pendant les vacances estivales (curieux, quand même !). Un de ces enfants était réellement un « cas », hyperactif comme pas un. Il a fallu trois jours pour le calmer. Les enfants commençaient la journée par des séances de son, puis allaient dans la nature et avaient des contacts fréquents avec les animaux de la ferme. De plus, ils mangeaient bio et on portait une attention particulière à la quantité de sucre qu'ils consommaient. Au bout de la semaine, les parents revinrent chercher leurs jeunes et la mère de l'enfant hyperactif n'en croyait tout simplement pas ses yeux. Son garçon lui dit le plus beau des bonjours dans un calme qu'elle ne lui connaissait pas. Elle se mit à pleurer de joie. Lorsque les classes reprirent en septembre, nous apprîmes qu'on avait recommencé à donner du Ritalin à cet enfant…

Il est donc possible, à la lumière des cas énoncés précédemment, d'obtenir des résultats exceptionnels sans médication traditionnelle occidentale, donc sans qu'aucun agent synthétique ne pénètre dans notre corps. Si le thérapeute vous prescrit une médication, quelle qu'elle soit, et que vous l'acceptez, celle-ci doit être perçue comme une aide temporaire, une béquille pour la jambe cassée et ce, pour tous les types de maladies de personnes normalement constituées. Un antidépresseur est conçu pour aider le sujet à retrouver une certaine joie de vivre afin qu'il puisse, par la suite, se prendre en main et entreprendre un processus de guérison.

J'ai été témoin de plusieurs personnes venues consulter Carole parce qu'on leur avait prescrit des antidépresseurs. Elles cherchaient un autre moyen pour régler leur mal-être. Au bout d'une à trois consultations, elles avaient déterminé et résolu ce qui n'allait pas dans leur vie et n'avaient plus besoin de médication. Si une personne prend déjà des antidépresseurs et est disposée à guérir, elle peut également opérer un travail sur elle-même, qui aura pour effet de diminuer la dose, jusqu'à ce qu'elle soit fonctionnelle sans béquille. Mais voilà, pour la plupart des gens, s'arrêter, prendre rendez-vous avec soi, ralentir la cadence, vient en conflit avec leur vie trépidante et leurs engagements professionnels, familiaux et sociaux. De surcroît, travailler sur soi demande à fouiller dans des émotions enfouies, qui sont douloureuses et que l'on ne veut pas déterrer. Mais, croyez-moi, ce travail est possible, je l'ai fait.

Non seulement ai-je accompli ce que je croyais être impossible au départ, mais cela s'est passé souvent dans la joie et même dans le rire. Vous vous souvenez de mon guerrier guérisseur ? Il a vécu toutes sortes d'aventures, mais la plus loufoque a été cette fois où, après avoir voyagé par monts et par vaux, il est arrivé au champ de bataille pour s'apercevoir qu'il n'y avait pas de bataille. Lui, le valeureux guerrier dans son armure étincelante, prêt à se battre pour défendre son honneur et sa fierté, n'avait rien à défendre du tout. Il combattait pour rien, aucune armée ne s'érigeait contre lui. La thérapeute et moi avons éclaté de rire. Je venais de vivre une autre étape dans le chemin de la guérison, et de la plus belle façon. Oui, j'ai aussi pleuré et j'ai libéré de vieilles émotions douloureuses enfouies dans ma mémoire cellulaire. Mais la plupart du temps, j'ai vécu des moments de purs délices dont la résultante, la libération, était autrement plus importante que le chemin emprunté pour y arriver et n'avait, conséquemment, pas de prix. Tout comme moi, vous n'avez peut-être pas envie de fouiller dans des moments de douleurs passés et je vous comprends. Mais j'étais déterminé à guérir et je me suis dit, au départ, que je réussirais. J'ai visualisé le travail à faire comme étant facile et, avec le recul, je peux affirmer qu'effectivement, ce fut beaucoup plus facile que je ne l'aurais imaginé. Je vous encourage fortement à le faire, vous ne vous en porterez que mieux. Il n'y a rien de dangereux dans ce processus, ça ne fait pas mal et, de plus, vous vous sentez en sécurité avec votre thérapeute.

Voulez-vous vraiment guérir?

Carole, la thérapeute avec qui j'avais entrepris une série de traitements, avait constaté que la moitié de sa clientèle souffrant de fibromyalgie ne voulait pas vraiment guérir. Elle élaborait un plan d'intervention individualisé, mais 50 % des gens abandonnaient effectivement peu après, parce que c'était trop difficile, ou trop douloureux. Moi, j'étais déterminé à retrouver la santé et profondément convaincu que j'y arriverais. Un jour, je fus invité à une émission de télévision animée par deux amis, un médecin et un psychologue. Le sujet était la fibromyalgie et je fis part aux téléspectateurs que je guérirais un jour. Il n'y eut pas de réaction spéciale mais, en ce qui me concerne, je venais de déclarer devant un auditoire de 150 000 personnes que je vaincrais la maladie et c'est cela qui m'importait. Parmi les autres invités se trouvaient des représentants des associations de fibromyalgie des régions de Québec et de

Chaudière-Appalaches (région située sur la Rive-Sud de Québec). Ces gens me proposaient de devenir membre. JAMAIS! Moi, faire partie d'une association de malades? Il n'en était pas question et je refusai net. Ma seule préoccupation était le retour à la santé et ce n'était pas en parlant de maladie avec d'autres malades que j'allais y parvenir. C'était on ne peut plus clair dans mon esprit.

J'ai vu d'autre part des gens refuser de prendre des compléments alimentaires naturels qui leur auraient donné une meilleure qualité de vie. L'un de ces cas était, à mes yeux, particulièrement pathétique. La personne était atteinte d'une maladie de la vue. Or, il m'a été donné de découvrir qu'un complément alimentaire destiné à une autre utilisation avait un effet spectaculaire pour les gens souffrant de cette maladie. Mais la personne refusa net de l'essayer, même si elle savait qu'il y a un principe d'innocuité entourant ce genre de capsule naturelle. La raison de son refus? Elle avait essayé par le passé de multiples remèdes «miracles» qui n'avaient eu aucune incidence positive. Elle ne voulait donc pas être déçue une fois de plus! Pour nombre de gens, la maladie constitue une sécurité. Sortir de cette zone de confort représente un danger, car ils arrivent alors en terrain inconnu. Pourtant, «quand la santé va, tout va...».

J'ai utilisé au fil de mes démarches de guérison, particulièrement dans le cas de la fibromyalgie, plus d'une médecine. Pour enrayer le mal et guérir complètement de cette maladie, j'ai consulté une acupuncteure, une homéopathe et une manupuncteure, qui était également thérapeute en relation d'aide. Évidemment, je me suis également consulté, j'ai travaillé sur moi. En fait, j'aurais dû évoquer cette démarche avant toutes les autres. Un thérapeute ne guérit pas, c'est le patient qui se guérit, le premier étant un guide qui active le potentiel de guérison du second. J'ai un ami qui s'est guéri de ses allergies. Je lui ai demandé comment il avait fait et j'ai constaté qu'il avait emprunté cette même voie : il a consulté trois thérapeutes différents, en plus de faire un travail sur lui. Je n'affirme pas que l'on doive nécessairement consulter trois thérapeutes. Il s'agit simplement d'observer où l'on en est dans notre processus de retour à la santé, de se laisser guider vers le thérapeute qui se présentera à soi, soit par « hasard », soit à la suite de la recommandation d'une personne proche de soi. Il est important d'échanger avec des amis, ne serait-ce que pour verbaliser et partager ce que l'on vit, et on ne sait jamais où cela mènera.

Vous êtes peut-être parmi les 500 000 Québécois qui avez lu sur la loi de l'attraction. Eh bien ! laissez-moi vous dire que ça fonctionne dans les deux sens. S'il est vrai que la pensée crée pour nous amener la conjointe ou le conjoint qui sera notre grand amour, la voiture ou la maison de nos rêves et la parfaite santé, elle agit aussi à l'inverse. Le problème est que nous pensons plus ou moins consciemment et que l'on oublie, alors qu'une pensée ne meurt jamais. Si vous avez toujours pensé que vous alliez développer de l'arthrose parce que vous faites un geste répétitif au travail, cela se produira nécessairement, parce que vous avez acheté l'idée que c'était possible, vous connaissez des gens à qui c'est arrivé, les médecins vous l'ont dit et votre voisine aussi.

Dès l'instant où une pensée de maladie, de manque ou de quoi que ce soit de semblable traverse notre esprit, on peut l'annuler. L'annuler à haute voix et avec conviction donne du pouvoir à cette nouvelle pensée, qui remplacera la première. Nos paroles sont la manifestation de nos pensées et nos pensées ont une incidence sur notre corps. Combien d'expressions utilisons-nous, qui démontrent à quel point nous ne pensons pas à que nous disons. « C'est l'enfer ! » « Y va me faire mourir. » Les pensées de basses vibrations résonnent avec d'autres pensées semblables que nous entretenons sur les différentes facettes de notre vie et le tout dégénère au point d'affecter notre santé. Les pensées de rancœur, de haine, d'abus de pouvoir, de jalousie et autres du genre ont une influence néfaste sur notre corps.

Je connais des personnes qui, au retour d'une visite chez le médecin, ont le sourire aux lèvres à la suite d'un diagnostic, car le doc a identifié un problème « physique » ; ce n'est pas entre les deux oreilles ! Rassurez-vous : la presque totalité des maladies prennent leur origine « entre les deux oreilles ». Car la plupart proviennent de conflits, de moments de douleurs émotionnels ou simplement de nos pensées, tout cela étant relié à l'esprit. Donc, ça se passe bel et bien entre les deux oreilles. On n'a pas fini de découvrir les possibilités infinies du cerveau ; on en connaît, dit-on, à peu près 20 %. Je crois qu'on devrait étudier attentivement son pouvoir de nous rendre malades… ainsi que celui de nous guérir. Nombreux sont les témoignages de gens qui se sont guéris par le pouvoir de la pensée. Des guérisons de maladies aussi graves que le cancer. Dans mon cas, je me suis guéri d'une maladie de douleur chronique qui afflige nombre de personnes. Alors, si d'autres ont réussi à le faire, pourquoi pas vous ?

Être rayonnant de santé

Guérir s'accompagne nécessairement de la vision de la santé. On ne peut devenir riche sans en avoir le sentiment, la conviction profonde. On ne peut atteindre un résultat sans d'abord se fixer un objectif. On ne peut donc recouvrer la santé sans avoir préalablement eu l'intention de guérir. L'intention est à la fois la bougie d'allumage et la force qui nous propulse vers l'atteinte de cet objectif. Plusieurs livres parlent du pouvoir de la pensée et il n'est pas question ici de les réécrire. Je dirai simplement que, pour la plupart d'entre nous, lorsqu'il est question de santé, de prospérité ou d'amour, le gouvernail du bonheur, les beaux grands principes deviennent souvent difficiles à mettre en pratique. Plusieurs personnes n'ont aucune difficulté à se commander un stationnement lorsqu'elles en ont besoin alors qu'il y a des véhicules partout, mais n'arrivent pas à appliquer cette méthode au niveau du bonheur. C'est pourtant le même processus, mais on n'y croit pas vraiment. Guérir, quand on souffre, semble être un objectif inaccessible. Je peux comprendre et voilà pourquoi il est important, dans un premier temps, de soulager la douleur avant d'entreprendre le travail sur soi. Quand on a retrouvé l'énergie, il est alors possible de visualiser la parfaite santé, la vitalité, sentir la joie d'être bien et tout ce que cet état procure de merveilleux. Cette vision se transforme alors en aimant, qui nous attire indubitablement vers lui. La pensée crée et la Vie répond à nos demandes.

Le travail sur soi peut être entrepris avec l'aide d'une autre personne, thérapeute ou aidante naturelle mais, avec un peu de pratique, il peut être accompli par la personne elle-même. Lorsque Carole avait un mal de tête, elle ne prenait pas d'analgésiques. Elle faisait un travail d'introspection en se demandant pourquoi elle avait mal. Elle cherchait à trouver le moment précis où le mal s'était installé et ce qui était survenu pour qu'il apparaisse. Dès l'instant où elle avait déterminé l'événement en question, elle réglait le problème et le mal de tête disparaissait presque instantanément. Cet exemple peut paraître simplet, mais elle mettait en branle le même processus pour guérir des émotions douloureuses reliées à son enfance.

À l'âge de 56 ans, je fis une pneumonie pour la première fois de ma vie. Moi qui connais tous les beaux principes que je viens d'énoncer, je me suis payé une maladie dont je me serais bien passé. Après que la fièvre eut baissé – cela a tout de même duré un mois –, je me sentis mieux pour entreprendre un travail sur moi. Je me demandai ce que j'avais fait pour provoquer cette maladie. Oui, j'avais pris un coup de froid dans un courant d'air, mais c'était là le déclencheur et non la cause de la maladie. En y pensant bien, je m'étais bel et bien commandé cette pneumonie et assez consciemment, merci. Je lui avais ouvert la porte toute grande. Je traînais une fatigue de longue date. Quelques mois auparavant, je m'étais dit que, si je tombais malade, les gens verraient à quel point j'étais épuisé et que j'avais besoin d'un temps d'arrêt pour refaire mes forces.

Il y avait un autre élément en cause : après un été de vacances, je n'avais pas du tout le goût de reprendre le boulot. Quand j'eus pris conscience de tout cela, la guérison s'accéléra et je fus surpris moi-même de la vitesse à laquelle je repris le travail. En prime, j'étais reposé comme jamais, j'avais retrouvé la forme. Mais je n'étais pas obligé de tomber malade pour cela. Je n'avais qu'à demander à revenir en forme, à visualiser cet état (et non pas la maladie), à bien le sentir et la Vie se serait chargée de trouver un moyen approprié et doux pour répondre à ma demande.

Rien n'arrive pour rien. Si la maladie frappe, c'est que vous avez quelque chose à guérir, et je ne parle pas de la maladie elle-même. La vie n'est-elle pas un vaste processus de guérison ?

> Tout ce qui est en haut est comme ce qui est en bas,
> et tout ce qui est en bas est comme ce qui est en haut.

Auparavant, j'avais des maux de gorge chroniques, assortis de toux qui n'en finissaient plus et de sinusites à répétition. Ça commençait en décembre chaque année et ça se poursuivait jusqu'en mars. Or, il s'avère que, symboliquement, la gorge représente l'expression, la communication. Comme je n'exprimais pas mes émotions – je les gardais enfouies dans le plus profond de ma gorge et elles restaient bloquées là –, le corps réagissait à ce manque de réaction ! C'était justement avant que je guérisse de la fibromyalgie. En débloquant l'émotion de base qui était restée coincée en travers de ma gorge, je me suis par le fait même guéri de ces maux hivernaux. Ce n'est pas l'hiver qui était en cause ; la saison froide ne faisait que déclencher un processus.

Demandez-vous quelle est la signification de la maladie que vous vivez. Faites un travail sur vous, puis entrez dans votre cœur et demandez le retour à la santé. « Santé-le ». Humez comment l'air de la parfaite santé est bon. Voyez-vous éclatant de santé.

Comment on fait?
Pour se guérir

– Je mets la main gauche sur mon cœur et je regarde mes yeux dans un miroir.

> Les yeux sont le miroir de l'âme. Ce n'est pas juste une expression populaire. Quiconque a fait l'exercice de regarder ses yeux dans un miroir, ou les yeux d'une autre personne pendant quelques minutes, peut témoigner de sa véracité.

– Je prends trois bonnes respirations conscientes. J'inspire de la santé et j'expire du bien-être.

– Je déclare à haute voix : « Je suis en parfaite santé, merci la Vie. »

– Je me vois éclatant de santé.

– Je ressens tout le bien-être que me procure mon état de parfaite santé.

– Je remercie la Vie de ce que mon vœu est déjà accompli.

Vous aurez ainsi jeté les bases d'un retour à la santé en utilisant les trois parties de votre être, soit l'esprit (conscience de la respiration, visualisation de la parfaite santé), le cœur (main sur le cœur, regard dans le miroir et ressenti) et le corps (regard dans le miroir, respiration, main sur le cœur et déclaration à voix haute). Maintenant, observez à quel point le processus de retour à la santé se fait en accéléré.

D'autres méthodes de guérison

Je souffrais d'un mal de dos depuis 25 ans. Deux fois l'an, je devais aller me faire « ramancher » le bas du dos à la suite d'un faux mouvement. Ce sont les épisodes que j'ai relatés dans la première partie de ce livre, en lien avec mes « déboires ». Heureusement, j'ai un ami qui, en plus de voir l'énergie et d'être manupuncteur, a un talent de « ramancheur ».

Un beau jour, ma reine sortit de sa bibliothèque garnie de livres sur le mieux-être, un ouvrage intitulé *Le corps médecin*. Son auteur, le Dr Andrew Weil, y affirmait que le corps a un système réparateur, ou régénérateur, au même titre qu'il a d'autres systèmes, comme le système digestif ou le système immunitaire. Je n'avais jamais lu ce livre. Ma reine prit une page au hasard et me fit la lecture. Le Dr Weil racontait comment, avec sa méthode, sa femme s'était guérie d'un mal de dos chronique.

Et il arriva ce qui devait arriver. Je m'intéressais à la technique du Dr Weil et la Vie s'intéressait à moi qui s'intéressait à cette technique : elle voulut m'en faire faire l'expérience. Deux jours après la lecture, je me penchai pour ramasser mes bottes, et « tic », le bas du dos venait de se déplacer. Je me suis dit « Tiens, tiens, voilà ma chance (!). »

J'appliquai la technique qui consiste, *grosso modo*, à dialoguer avec son corps et lui demander pourquoi il réagit de cette façon. Qu'y a-t-il derrière cette douleur, quelle émotion enfouie refait surface ?… Et d'attendre la réponse. Je remerciai la Vie de me donner l'occasion de régler ce problème, j'écoutai la réponse avec le plus grand intérêt (je ne m'en souviens plus et ça n'a pas d'importance ; en fait, c'est bon signe), puis j'allai me coucher. Quelle ne fut pas ma surprise le lendemain matin de constater que je n'avais plus mal. Il faut dire que, d'habitude, si je ne me faisais pas traiter dans les trois jours qui suivaient, le mal s'amplifiait et se répandait ; il se mettait à courir dans tout mon dos, me traversait la nuque et finissait en douleurs névralgiques insupportables. Cet événement est survenu il y a deux ans et tout va pour le mieux depuis ce temps.

Il est clair à mes yeux que ce « corps médecin », tout comme mon guerrier guérisseur, est le Moi supérieur de la personne, qui se situe dans la Conscience universelle. Il est bel et bien réel, mais c'est moi à un autre niveau. Je dialogue avec moi-même. Le consensus est donc vite fait et ramené au niveau physique. Voilà une méthode des plus efficaces, simple, peu coûteuse et à la portée de tous. Je vous la refile avec le plus grand bonheur.

Vous aimez ? Alors, voici d'autres façons tout aussi efficaces pour vivre la guérison.

J'ai mentionné précédemment que j'ai utilisé plus d'une technique pour me relever de la fibromyalgie. Cependant, je suis en mesure d'affirmer aujourd'hui que l'on peut guérir sans rien faire de spécial.

Eh oui ! En voici un exemple.

Monsieur Pacha, un magnifique persan croisé tout à fait charmant, vit maintenant avec nous. Avec son poil long, les personnes allergiques aux chats ont vite fait de ne plus venir nous voir. Cependant, une de celles-ci m'a raconté comment elle s'est débarrassée de ce type d'allergie : elle n'a rien fait. Elle a simplement émis une intention : « J'en ai assez d'être allergique, je ne vais pas passer ma vie comme ça. C'est terminé ». Son allergie a diminué progressivement au cours des mois qui suivirent cette déclaration jusqu'à s'estomper complètement. On nomme cela « le pouvoir de l'intention [4] ».

---

4. Titre d'un livre du Dr Wayne Dyer.

J'ai même été témoin de personnes qui ont vécu des guérisons sans rien demander. C'est le cas d'une amie qui est allée travailler sur la terre d'une connaissance au temps des récoltes et elle a vu une grande peur débloquer soudainement. Comme si la terre avait miraculeusement aspiré en elle le mal-être qui la tenaillait. Même les personnes qui ne savaient pas ce qu'elle venait de vivre voyaient très clairement un changement : elle rayonnait.

Maintenant, voulez-vous connaître une méthode infaillible pour ne pas guérir ? Maudire la maladie. J'ai visité un site Web sur la fibromyalgie et j'ai lu des témoignages de personnes maudissant cette maladie, soit exactement le contraire de la marche à suivre (voir l'exercice précédent) pour l'enrayer. Maudire bloque l'énergie, abaisse les vibrations et accroît même la douleur ainsi que la possibilité de guérison. Bénir la maladie ouvre la porte à la compréhension, à l'attraction de personnes aidantes, aux énergies de hautes vibrations, à l'amour et... à la santé ! En bénissant la maladie qui est venue me visiter, j'élève mes vibrations au niveau du cœur. Ah, ce cœur bien aimé !

Dépression, stress, anxiété

Comment vous sentez-vous en lisant ces lignes sur la santé ? Me suivez-vous toujours ? Je fais le pari que 80 % d'entre vous se disent que mes propos sont peut-être intéressants, mais qu'ils ne s'appliquent pas dans leur cas et, surtout, qu'ils n'ont rien de scientifiques. La science est bien, mais elle a ses limites, alors que le pouvoir de la pensée et du cœur d'un être humain n'en a pas. L'important, c'est le résultat, soit la parfaite santé. Dites-vous bien une chose : je n'ai qu'un seul but, et c'est de vous aider.

Il m'a été donné de lire des témoignages de personnes souffrant de douleurs chroniques et j'en étais ému au point de pleurer. Non seulement ai-je réussi à me guérir de différents maux dans ma vie, dont la douleur chronique, mais j'ai aussi entendu des témoignages de gens qui en ont fait autant. Je connais des personnes qui sont nées malades, qui ont vécu une grande partie de leur vie malades et qui sont en parfaite santé aujourd'hui. C'est possible. Ces personnes ont cependant un point en commun : elles ont fait un travail sur elles-mêmes et se sont soignées en marge de la médecine traditionnelle occidentale. Je vous transmets mon cheminement pour vous donner de l'espoir et des pistes de solution. Je vous envoie de la compassion mais, en même temps, j'affirme que l'on doit « prendre le taureau par les cornes » lorsqu'une situation ne se règle pas. Je me suis brassé dans mes diverses étapes de guérison, mais cela peut se faire en douceur, croyez-moi ; point besoin de souffrir encore. On a besoin de réagir à une situation qui ne nous sert pas en déclarant : « C'EST ASSEZ ! » Les mêmes principes prévalent lorsqu'il s'agit d'une dépression qui fait suite à un ou à des moments difficiles. Il y en a cependant un qui est mis en relief : le choix.

Pour tout être humain né « normal », la dépression est un choix qu'il fait, plus ou moins consciemment, mais un choix tout de même. Il arrive un moment précis où il décide soit de se laisser aller, soit de se prendre en main. J'appelle ce moment le point de divergence. Imaginons une ligne droite, dont un point se sépare dans un angle à peine perceptible au début pour devenir une autre ligne et ainsi créer une tangente vers l'infini. Au début, les deux lignes sont rapprochées, mais après un certain temps, elles deviennent très éloignées l'une de l'autre et la seconde peut conduire à la maladie, à la dépression et au suicide. Mais il faut savoir que NOUS sommes le dessinateur, c'est nous qui tenons le crayon et qui prenons la décision de tracer une autre ligne. Nous sommes le maître de notre vie et celle-ci nous amène des situations, ou encore des expériences, que nous devons traiter. Je me souviens très bien, alors que toute ma vie s'écroulait, avoir été face à ce choix : je me laisse aller ou je me prends en main ; je saborde mon navire ou je le mène à bon port ; l'ombre ou la lumière. J'ai décidé de faire appel à mon cœur et j'ai été sauvé en un rien de temps. La baisse de la sérotonine, qui rend les personnes dépressives, est une conséquence et non la cause de la maladie. La médecine traditionnelle occidentale confond presque toujours les deux et s'attarde à traiter la conséquence, le symptôme. Évidemment, elle n'y arrive pas. On peut observer une amélioration, mais il n'y a rien de réglé. En plus, on intoxique notre corps avec des produits synthétiques. La même règle prévaut pour les appareils, dits de médecines douces, qui apparaissent ici et là. Ils ont le même effet pervers que les médicaments, sauf qu'ils ne présentent pas d'effets secondaires : ils diminuent l'intensité des symptômes sans aller à la source. Les personnes qui les utilisent ne font pas de travail de guérison et la maladie court toujours.

Il y a plusieurs maux qui affligent les gens aujourd'hui. Parmi les plus populaires, on retrouve notamment les troubles du sommeil, le stress et l'anxiété. Je n'ai pas la prétention de tout résoudre en quelques pages mais, pour l'observateur – et l'observé – que je suis, il y a un dénominateur commun entre plusieurs maladies : le manque de foi et le manque d'amour.

Pendant plusieurs années, j'ai fait de l'insomnie chronique. Quand on ne dort pas pendant toute une nuit, ça peut toujours aller. On se dit qu'on se reprendra la nuit suivante. Mais quand ça fait trois nuits en ligne, c'est insupportable. Les principales causes de l'insomnie sont le stress et l'anxiété. Il s'agit à ce moment d'aller voir pourquoi on ne dort pas. On peut rester éveillé en ayant toutes sortes de pensées qui ne sont pas nécessairement liées à la source de notre insomnie. Dans mon cas, j'ai réussi à déterminer deux causes en lien avec l'anxiété : la peur de manquer d'argent et la peur de manquer de temps. Le même scénario se produisait chaque semaine quand j'étais en affaires : j'avais de la difficulté à dormir dans la nuit du dimanche au lundi. Quelle façon de commencer la semaine ! Alors que j'aurais eu besoin de toute mon énergie pour l'entreprendre du bon pied, j'en manquais. J'avais de la difficulté à me concentrer et j'avais hâte que la journée finisse. Pourtant, j'arrivais toujours en même temps que tout le monde à Noël, et la Vie m'apportait toujours l'argent au moment où j'en avais besoin. Après quelques années de ce régime, j'en vins à conclure que je m'en faisais pour rien. Et combien de fois cela arrive-t-il dans nos vies ? La plupart du temps, on a peur pour rien, ce qui revient à dire que l'on manque de foi.

Le même phénomène se produit dans le cas du stress. On vit une situation stressante au travail, mais plutôt que de régler la cause, on l'alimente. Alors, elle grossit, ce qui indique que l'on manque d'amour ! Il suffit d'aller dans son cœur, de lui demander d'arranger tout cela, d'écouter ses conseils, d'accueillir la joie et de la répandre autour de soi. Les changements qui se produiront par la suite seront réels et tangibles. Quand on est dans le cœur, la Vie met tout en place pour que les choses se déroulent rondement, et même en accéléré ! Si la maladie se présente à moi, je peux réagir de deux façons : par la peur (partie mentale de l'esprit) ou par l'amour (cœur). Si la première réaction mène à la souffrance, la seconde mène inévitablement à la guérison. Car le cœur est le docteur par excellence, c'est par lui que transite le retour à la santé.

Le capitaine à bord, c'est nous, mais connaissons-nous bien notre navire ? On me dira que certaines personnes sont prédisposées à être malades, à cause notamment de facteurs héréditaires. À cela, je répondrai que notre pouvoir est immense et que ces facteurs, bien que réels, peuvent être transcendés. L'homme a davantage de pouvoirs que l'hérédité et les astres (voir le chapitre DIX, « Pouvoir, quand tu nous tiens »). On me dira également que l'on ne peut tout contrôler comme, par exemple, le fait d'être un enfant d'une mère violente ou d'un père abuseur. Ces blessures sont aussi bel et bien réelles, mais nombreux sont les cas de personnes qui ont guéri un tel passé. Si nous n'avons pas nécessairement les capacités naturelles pour y arriver, il s'agit de faire appel à des personnes spécialisées ou aidantes naturelles.

Demander de l'aide est salutaire, mais cette démarche, pour être intégrée et que la guérison devienne complète et permanente, doit s'accompagner de l'intention de guérir, d'un travail sur soi et d'une vision de la parfaite santé.

Mon médecin de famille, c'est moi !

* HUIT *

L'amour, toujours l'amour

S'IL EST UN SUJET intarissable entre tous, que ce soit dans les conversations entre amis ou collègues de bureau, dans les chansons ou dans les films, c'est bien l'amour. On a tous besoin d'amour, on veut en donner et en recevoir. Cela commence évidemment dès le plus jeune âge. Les enfants qui ont manqué d'amour, ou pire, qui ont vécu de la violence parentale, sont plus tard perturbés et doivent guérir ces blessures de façon à ce qu'il s'aiment eux-mêmes avant d'être en mesure d'aimer une conjointe ou un conjoint. Mais, en ce qui concerne les gens ayant vécu une enfance dite « normale », il m'a été donné de constater que la majorité d'entre eux ne savent tout simplement pas ce qu'est l'amour. J'étais l'un de ceux-là.

Lorsque, après une relation qui a duré quinze ans, Carole m'a regardé droit dans les yeux en me demandant « M'aimes-tu vraiment ? » c'est comme si, pour la première fois de ma vie, j'étais réellement confronté à une question fort simple, sur laquelle je ne m'étais jamais vraiment penché auparavant. Je m'étais toujours dit qu'on ne peut pas expliquer l'amour. Alors, comment savoir si l'on aime vraiment ? Par la suite, il m'est arrivé à quelques reprises de poser la même question à des personnes qui se trouvent confrontées à un problème de couple : « Est-ce que tu l'aimes vraiment ? » C'est fascinant. Neuf fois sur dix, la personne questionnée est hésitante, baisse les yeux et trouve un moyen pour détourner la conversation, ou donne une réponse évasive. Je constate que je n'étais pas le seul à ne pas savoir.

Car voilà une autre notion qu'on n'enseigne pas sur les bancs d'école. Et les parents, qui ne l'ont pas apprise non plus, ne se sentent pas en mesure d'aider et de guider leurs enfants sur la voie de l'amour humain.

Observez comment, d'une façon générale, les couples se forment. Des jeunes se connaissent alors qu'ils sont aux études, ou des personnes se rencontrent par le biais d'occupations professionnelles. Il arrive souvent que, ayant des affinités en termes de travail, de manière de penser ou encore en matière de goûts, le tout combiné à une attirance physique, on devienne un couple qu'on pense être pour la vie. D'autres couples se forment à partir d'un coup de foudre. Or, un coup de foudre c'est mortel, mais un coup de cœur, c'est éternel. D'ailleurs, comme le dit l'expression populaire : « Tout ce qui monte vite redescend tout aussi vite. » Il y a aussi des personnes qui cherchent une conjointe ou un conjoint pour répondre à un besoin (sécurité ou sexe), ou combler un manque, comme une mère ou un père qui a été absent. En fin de compte, une multitude de couples se forment pour des raisons autres que l'amour humain véritable.

Les quatre pattes de l'amour

Mais alors, comment savoir si l'on aime vraiment ? J'ai posé la question à l'Univers. Il m'arrive souvent, quand je fais cet exercice, d'obtenir des réponses le matin, peu après mon réveil. Je me souviens avoir trouvé le nom de mon entreprise de cette façon. Lorsque j'ai commencé en affaires, je l'avais affublée d'un nom peu élégant, qui me roulait dans la bouche lorsque je le prononçais et que je devais toujours épeler. Alors, j'adressai une demande à l'Univers et la réponse se manifesta dès que j'ouvris les yeux. À mon arrivée au bureau, je fis une recherche sur Internet et il était libre. Ce nom si simple convenait parfaitement aux services que j'offrais. De plus, je n'avais pas besoin de faire un dessin pour que les gens l'écrivent correctement. Un beau jour donc, je posai la grande question : « C'est quoi l'amour ? Comment savoir que je serai vraiment en amour la prochaine fois où je rencontrerai une femme qui m'attire ? »

C'était l'été suivant ma séparation d'avec Carole. Quelques jours plus tard, en me réveillant, voici la réponse que j'ai obtenue :

> L'amour, c'est comme une table avec ses quatre pattes. Il y a la patte de l'âme, la patte du cœur, la patte de l'esprit et celle du corps. Pour qu'une table soit une table, elle a besoin de quatre pattes et, pour qu'elle soit parfaitement fonctionnelle, ses quatre pattes doivent être égales.

• *La patte de l'âme*

On sait ce que sont des âmes sœurs. Il s'agit de deux personnes qui, au-delà des affinités, se reconnaissent. Elles savent que quelque chose de grand les unit et que cela se passe à un autre niveau. Cette notion sert à comprendre ce qu'est la patte de l'âme dans un couple. On peut difficilement l'expliquer ; ça se sent et les deux personnes savent très bien ce qui se produit. Dès le premier regard, sans qu'elles ne se connaissent, elles se reconnaissent. Et je ne parle pas ici du coup de foudre. C'est même plutôt le contraire. Cela se déroule tout en douceur, comme si le temps s'arrêtait en cet instant sacré. Le monde s'arrête. Je crois même que la terre arrête de tourner.

• *La patte du cœur*

L'amour entre deux êtres humains passe assurément par le cœur. Aimer par la tête est plutôt difficile ! J'étais parfaitement en accord avec cet élément de la réponse à ma question, mais j'avais encore un questionnement : comment le savoir ? Je m'étais toujours dit qu'on ne pouvait expliquer un sentiment, on ne peut que le « sentir ». Je posai une autre question : « Est-il possible de me faire sentir ce qu'est l'amour ? Comme ça, je le saurai quand je rencontrerai le GRAND Amour… » Le lendemain matin, toujours au réveil, j'eus un sentiment que je n'avais jamais éprouvé auparavant ; je savais que c'était cela. Je ne pouvais que dire « Merci ». Impossible de l'expliquer davantage. Si vous avez le même questionnement que moi en regard de l'amour, je vous invite à faire le même exercice.

Alors, après avoir vécu mes multiples expériences de couple, j'ai fait la déclaration suivante : « La prochaine fois, je saurai que j'aime cette femme et que celle-ci m'aime si, tour à tour, chacun est en mesure de dire : "Chéri(e), je t'aime de tout mon cœur", en fixant l'autre droit dans les yeux avec un regard rempli d'amour. »

C'est ce qui s'est produit avec ma reine et nous échangeons ces mots chaque fois que monte en nous ce fort sentiment d'amour envers l'autre. C'est tellement bon. Je le souhaite à chaque personne.

• *La patte de l'esprit*

Laquelle de ces deux expressions, selon vous, est la bonne ? «Qui se ressemble s'assemble», ou : «Les contraires s'attirent. »

Eh bien ! les deux. Dans un couple, il se doit d'avoir un maximum d'affinités, mais également des dissemblances. Les affinités se situent à différents niveaux : les goûts, les occupations, les relations avec l'entourage, les causes que l'on épouse, etc. Il est assez rare, par exemple, qu'une personne aimant la musique classique se retrouve en couple avec une autre qui n'écoute que du *heavy metal*. Les dissemblances sont nécessaires, sans toutefois se situer aux antipodes. Elles favorisent l'équilibre du couple, tout en aidant l'un et l'autre à expérimenter des éléments qui leur sont contraires. On verra ainsi souvent un couple formé d'une personne aventurière et d'une autre conservatrice, d'une qui est généreuse et d'une autre qui est grippe-sou. Voilà toute la beauté de la Vie : celle-ci met sur notre route des expériences contraires destinées à faire de nous des êtres meilleurs, et cela se passe également dans le couple.

• *La patte du corps*

Nous sommes sur terre pour vivre, entre autres, des expériences physiques. Pour qu'un couple soit digne de ce nom, il doit y avoir au premier plan une attirance physique. Je dirais même que c'est le premier contact, ne serait-ce qu'au niveau de la voix. J'ai vu de nombreuses personnes, moi inclus, qui, après avoir correspondu par courriel via des sites Internet de rencontres avec d'autres personnes qui semblaient tout à fait leur convenir, ont été totalement déçues simplement en entendant leur voix au téléphone. Et j'ai vécu la situation inverse lorsque j'ai rencontré ma reine. Je lui écrivais des dictées dans sa boîte de courriel, elle me répondait par des télégrammes. L'écriture ne convient pas à tous ! Je lui proposai de m'appeler et, dès les premiers instants, je tombai sous le charme de sa voix, et vice-versa. La patte du corps s'applique aussi, bien évidemment, à la qualité de la relation sexuelle. Si l'un des conjoints n'est pas satisfait dans ce domaine, le couple sera boiteux.

L'attirance physique constitue cependant un piège. Vous vous souvenez à quel point j'étais attiré par les brunes, de préférence avec les yeux noisette, grandes et bien roulées. Voilà ce qu'on appelle un « type de femme », ou un « type d'homme » dans le cas inverse ; les mêmes notions s'appliquent aux couples homosexuels. Inévitablement, cette représentation fait référence au physique. Lorsque vous donnez un cadeau à une personne, vous attendez-vous à ce qu'elle admire l'emballage sans ouvrir la boîte ? Parce que j'étais attiré par les brunettes – je savais au fond de moi que je tentais de reproduire l'image de ma mère –, j'étais convaincu que le grand amour de ma vie allait être ce type de femme. Vous devriez voir ma reine, elle ne correspond pas du tout à ce qu'était mon type de femme. Cela ne veut pas dire cependant que votre type d'homme ou de femme ne sera pas le grand amour de votre vie. Il n'y a pas de règle absolue dans ce domaine.

J'étais parfaitement heureux de la réponse que j'avais obtenue et il est arrivé ce qui devait arriver. Coup sur coup, j'eus deux relations qui se sont terminées abruptement. Nous savons que la vie est faite d'expériences. Je venais d'avoir des informations que je trouvais merveilleuses. Mon Moi supérieur s'est dit : « Parfait, maintenant nous allons l'expérimenter. » Mais pourquoi donc me suis-je retrouvé le nez rivé sur des portes fermées ? Il me semblait que, dans chacune de ces relations, j'avais mes quatre pattes.

« Oui, mais cela vaut pour chacune des personnes ! »

Le réveil fut brutal. Il y a de ces matins...

Je ne ratais pas une occasion de parler de la révélation que j'avais eue et les gens la trouvaient extraordinaire. Mais quand se manifesta la dernière tranche de la réponse, autrement dit que les quatre pattes doivent être multipliées par deux, car il y a deux personnes en cause, tout le monde déchantait. « C'est impossible, c'est illusoire, une utopie... » J'en ai entendu de toutes sortes. Il y a un temps pour écouter les autres, car les réponses à nos questions peuvent provenir de leur bouche, et il y a un temps pour écouter la voix qui vient du Moi supérieur (la petite voix). Il est impossible que ce dernier me conte des histoires ; après tout, il travaille pour « Moi ». Je fis confiance à la Vie et maintins le cap. Quand je rencontrai ma reine, je compris que j'avais bien fait. M'étant débarrassé de la notion de « type de femme » à la fin de ma relation avec Sylvie (c'était une brunette), je la reconnus immédiatement. Je fus attiré par elle et je constatai que nous avions des affinités et des dissemblances ; l'amour germa et il grandit depuis ce temps. Nous nous disons souvent que nous nous aimons et cela n'a pas de fin.

Et vive le bon sexe avec son grand amour !

L'amitié

Il y a énormément de similitudes entre l'amour et l'amitié. Dans les deux cas, des êtres humains sont placés sur notre route pour des raisons précises. Rien n'arrive pour rien. On peut aimer quelqu'un pour la vie, mais il n'est pas anormal qu'une relation se termine lorsque l'objectif de vie que s'était fixé notre Moi supérieur a été atteint. En chaque être humain réside un maître et un élève, un médecin et un patient, un adulte et un enfant. Lorsque l'apprentissage est terminé, on passe à autre chose, car c'était une escale dans notre voyage de vie. Si, par exemple, nous avions quelque chose à régler, comme une douleur reliée à l'enfance, et que notre amour ou notre ami nous a aidée à guérir, il se peut que la relation prenne fin. Cela arrive couramment. Rien ne sert de forcer à ce moment-là. Il s'agit simplement d'observer ce qui se passe dans la relation : coule-t-elle de source ou accroche-t-elle à la moindre occasion ? J'ai vu des amitiés se terminer après une cinquantaine d'années et j'ai moi-même perdu d'un coup un cercle complet d'amis, incluant mon meilleur ami, dans cette histoire d'investissement.

Je sais très bien pourquoi Carole est passée dans ma vie. Nous avions bien sûr beaucoup d'affinités – il est évident que nous nous étions rejoints au niveau des pattes de l'âme et de l'esprit – et nous avons eu de bons moments ensemble, même si l'on se demandait constamment si l'on était amoureux ou simplement de grands amis. En réalité, son passage dans mon existence répondait à une demande que j'avais adressée à l'Univers. À un certain moment, après avoir lu plusieurs livres sur la spiritualité, je me sentais complètement perdu. Je ne savais pas par quel bout prendre tout cela et je vivais de surcroît une culpabilité par rapport à la sexualité. J'arrêtai de lire et je demandai à l'Univers de m'envoyer un guide. Je n'aurais jamais pensé que ce dernier pouvait se manifester sous la forme d'une conjointe. Carole m'a remis en contact avec moi-même et m'a aidé à plusieurs niveaux. Ma reconnaissance envers elle et envers la Vie est immense.

La même chose se produit en amitié. Les amis nous sont prêtés pour une ou des raisons précises. Nos routes se croisent pour un certain temps et il arrive qu'elles s'éloignent. Ne soyez pas triste si cela se produit. Observez pourquoi la Vie vous a amené cette personne et pourquoi vous vous êtes éloignées. Vous aviez mutuellement quelque chose à apprendre, à guérir, à partager.

Il m'a été donné de constater que, tout comme l'amour, plusieurs personnes ne savent pas ce qu'est un « vrai ami », car les amitiés se forment la plupart du temps autour d'occupations professionnelles, sociales ou sportives. Ce qui est parfaitement correct en soi. Mais, comme on le dit souvent, c'est au moment de vivre une période difficile qu'on découvre ses vrais amis. Dites-vous bien une chose, un réel ami vous appelle pour vous demander : « Comment ça va ? » J'ai travaillé une dizaine d'années dans le monde du spectacle. C'est un domaine merveilleux où tout le monde s'aime. Les « je t'aime » fusent dans toutes les directions. Après avoir réorienté ma carrière, je me suis aperçu que je n'avais aucun ami issu de ce milieu, car personne ne m'appelait pour me demander : « Comment ça va ? » Remarquez que cela allait dans les deux sens, car je ne l'ai jamais fait non plus. Tout comme je ne savais pas ce qu'était l'amour, je n'avais pas réellement conscience de ce qu'était l'amitié. Les amitiés professionnelles sont bien, mais elles ne font que passer.

Un vrai ami…

Vous appelle pour prendre des nouvelles.

A une oreille attentive.

Vous dit ce que vous ne voulez pas nécessairement entendre.

Est présent dans les passages difficiles de votre vie.

Vous dit : « Je t'aime beaucoup »…

* NEUF *

La vraie richesse

Pour la majorité des personnes, le bonheur passe inévitablement par la prospérité financière. Cette prospérité vient couronner des heures et des heures de travail qu'elles ont effectuées pendant de nombreuses années et elle constitue en quelque sorte une récompense pour ce travail. On a semé, on a investi temps et argent, et on s'attend un jour ou l'autre à récolter, à avoir un retour sur notre investissement. Mais plutôt que de parler de prospérité, je préfère parler d'abondance, notion qui est englobante et qui inclut la prospérité financière.

Cependant, l'abondance ne se mesure pas aux choses que l'on possède, car si tel est le cas, on en veut toujours plus et on n'arrive jamais à être heureux. De plus, nos possessions sont des éléments extérieurs à nous. Cela veut dire que si l'on a fondé son bonheur sur celles-ci et qu'on les perd toutes (cela est arrivé à plus de gens que l'on pense, moi inclus), on n'est plus heureux. Et j'ai vu des gens qui, effectivement, ont tout perdu, se sont effondrés, sont devenus malades et certains en sont même morts.

Notre conception réductrice et biaisée de l'abondance provient assurément de notre éducation. Autrefois, au Québec, on entendait souvent les expressions : « On est nés pour un p'tit pain », « On ne peut pas tout avoir », ou encore : « Faut bien gagner son ciel. » Elles sont maintenant révolues pour la plupart, mais j'entends encore souvent « L'argent ne pousse pas dans les arbres ». Il faut donc travailler fort pour obtenir ne serait-ce que le minimum. Le fait est que nous sommes enfermés, que dis-je, emmurés dans un système de croyances venant de notre éducation, à l'effet que l'on doive fournir un effort pour que se manifeste l'abondance. Faire de l'argent facilement est considéré comme louche pour plusieurs et comme impossible pour la majorité. La notion d'effort est omniprésente dans notre vie et on doit travailler d'arrache-pied pour... pourquoi au juste ? Les conséquences de cette vision des choses sont désastreuses. Vous et moi connaissons tous des gens malheureux au travail. Ils se donnent sans compter, ont de la difficulté à obtenir de la reconnaissance, ce qui crée de la frustration et du ressentiment, et doivent par la suite composer avec une santé vacillante.

Je me suis aperçu également que la plupart des gens admettent que certaines personnes peuvent être riches et ils les prennent comme modèles. Ils commandent l'abondance constamment, achètent des billets de loterie, font de la visualisation créatrice, mais c'est justement là le hic : « certaines personnes », ce sont toujours les autres. Dans le fond d'eux-mêmes, ils n'y croient pas vraiment. Et une volonté de fer, ça rouille ! À force de trop vouloir, on finit par scléroser notre vision de l'abondance, et quand le train passe, on n'est tout simplement pas à la gare. Alors, gare à vous ! Il y a cette autre expression affirmant que « l'argent ne fait pas le bonheur, mais rend le malheur confortable ». Wow ! C'est pas demain la veille... Bénissez l'argent, donnez de l'argent, faites rouler l'argent, déclarez à haute voix : « J'aime l'argent », et il viendra à vous comme attiré par un « aimant ».

Le millionnaire intérieur

Il y a plusieurs livres traitant de l'abondance et de la façon de devenir riche. Même si je crois qu'ils sont tous bons, je reste fidèle à la ligne directrice de mon livre en relatant mes propres expériences, cette fois en relation avec la notion d'abondance.

Mes parents étaient de la génération qui a vécu les deux grandes guerres mondiales et la crise financière de 1929. Après la Seconde Guerre, il était considéré normal que l'Amérique se reprenne en main en faisant rouler l'économie. La réussite individuelle, qui passait obligatoirement par la réussite scolaire et, plus tard, professionnelle, faisait foi de tout. On avait réussi et on était quelqu'un dans la vie si on avait « une bonne *job steady* avec un bon *boss* », une belle maison et une « grosse bagnole ». Si un jeune homme demandait la main de sa bien-aimée à son futur beau-père, celui-ci s'informait d'abord sur la vie professionnelle du prétendant afin de savoir si c'était un « bon parti ». La notion d'amour était reléguée au second plan.

Après que mes parents se furent séparés, je vivais seul avec ma mère et celle-ci me communiqua, comme je l'ai relaté antérieurement, les notions de manque et de besoin. Il est vrai que mon père lui donnait une pension alimentaire dérisoire et qu'elle avait dû retourner sur le marché du travail pour un salaire misérable. Bien des années plus tard, alors que j'étais entrepreneur, je constatai les effets de ce transfert dans ma façon de concevoir la prospérité. J'avais abandonné mes études après le cégep (14e année) et je me devais de réussir pour compenser l'absence de diplôme universitaire. Mais au-delà de la réussite professionnelle, je vivais un conflit constant entre l'être et le paraître. L'image que je projetais devenait tout aussi importante, sinon plus, que mes qualités professionnelles.

Au début de ma carrière en affaires, je m'achetai une berline allemande compacte, ce qui était à mes yeux comparable à une voiture de grand luxe, moi qui étais habitué aux sous-compactes usagées. Quatre années plus tard, je la changeai pour une intermédiaire, et s'il n'était pas arrivé cette histoire de faillite, je me serais déplacé en berline allemande de grand luxe. Je m'achetais de beaux vêtements et visitais les restaurants presque tous les jours.

Entendons-nous bien : tout cela est parfaitement légitime. Nous avons droit à de telles manifestations d'abondance, c'est un privilège de l'être humain. Le problème en ce qui me concerne est que je désirais combler un manque (absence de mon père, conditions précaires de ma mère), lequel a été converti en besoin : il me fallait une belle voiture, de beaux vêtements, etc. Et je sais qu'il en va ainsi de la majorité des gens : ils ont besoin de ces choses extérieures, sans quoi leur bonheur est incomplet, et leur vie une perpétuelle frustration.

Fort heureusement, j'ai réglé cette notion de besoin dans ma relation avec Sylvie. Elle vivait avec de maigres revenus, dans une maison qui ne correspondait pas du tout aux goûts du bourgeois que j'étais, et tout ça ne l'empêchait pas d'être heureuse, alors que moi... Lorsque j'entrai pour la première fois chez elle, un frisson me parcourut le dos. Le couvre-plancher était déchiré et une partie du mur du salon laissait voir les colombages, car elle n'avait pas d'argent pour compléter les travaux. Sans parler de sa voiture qui n'avait certes rien d'une berline allemande. Elle aurait bien aimé changer tout ça, mais ses finances ne le lui permettaient pas et sa priorité demeurait le bien-être de ses trois enfants. Elle m'a aidé, sans le savoir, à changer mes valeurs. La faillite a fait le reste, quelques méditations aidant.

À partir du moment où j'ai réglé cela, c'est-à-dire ne plus avoir de besoins, j'ai senti qu'on m'enlevait un poids de cinquante tonnes de sur les épaules. Aujourd'hui, je peux avoir une berline allemande de grand luxe, puis ne plus l'avoir, et ça ne me fera rien. On peut être heureux avec beaucoup ou avec peu d'argent. Et depuis cette guéri-son, j'ai changé du tout au tout ma vision de l'abondance. Je la vis chaque jour et je n'ai même pas besoin d'être mil-lionnaire pour cela !

Le bonheur va de l'intérieur vers l'extérieur. L'abon-dance vient donc, non pas de ce qui est extérieur à nous, mais essentiellement d'un état de bien-être (être bien avec soi-même), puis de notre conception même de l'abon-dance, soit le fait de savoir (savoir intuitif – la foi) que nous sommes soutenus et guidés par une puissance supé-rieure (ou notre puissance intérieure, ce qui est la même chose), qui nous amènera l'argent dont nous avons besoin pour payer les choses de base de la vie quotidienne… et le surplus, le tout en temps voulu. Laissez-moi illustrer ce propos.

Voici en fait la suite de mon histoire.

À l'automne 2006, j'ai donc rencontré le grand amour de ma vie. Ma vie amoureuse pouvait enfin s'épa-nouir. Mon corps avait retrouvé la santé. Il me restait, pour compléter mon « gouvernail du bonheur », à vivre l'abondance. J'avais trouvé cet emploi – un cadeau du ciel – moyennement rémunéré qui tombait pile car, après la faillite, un revenu stable s'imposait. Je travaillais dans un domaine que j'aimais, mais intérieurement, je sentais qu'un changement devait s'opérer. À cette époque, j'assistai à la conférence de Christine Michaud, qui avait pour titre *Vivre le secret*. Elle rapportait les propos de l'auteur Marc Fisher, qui disait ceci : « Pour se réaliser pleinement, il s'agit d'allier sa passion à son talent. » J'avais toujours eu, depuis que je suis jeune, une passion pour tout ce qui concerne la croissance personnelle et la spiritualité. Et j'avais un talent naturel pour les communications.

Au début de l'année 2007, au moment où les gens prennent des résolutions, je fis une déclaration : dorénavant, je serai un travailleur de la Lumière. J'avais le goût d'aider les autres de différentes façons et de travailler également dans ma spécialité (communications et gestion d'événements), mais dans le domaine du mieux-être, de l'éveil de conscience et de la spiritualité.

Par la suite, au cours de l'année 2007, ma reine et moi avons rencontré des gens extraordinaires. Lorsqu'on prend un tel engagement, il est fascinant de voir à quel point notre entourage change ; nous attirons les gens qui vibrent à la même fréquence. Mon contrat de travail étant de septembre à juin, je disposais de toute la période estivale pour réaliser des choses qui me tenaient à cœur. Je collaborai à l'organisation d'une grande méditation, qui s'inscrivait dans le cadre d'une méditation planétaire, et j'animai des discussions qui suivaient la présentation de films éveilleurs de conscience. Le retour au boulot en septembre fut brutal : deux jours après être rentré au bureau, je me tapai une pneumonie (voir le chapitre SEPT, « La santé avant la fin de vos jours ») qui me paralysa pendant un mois. L'automne passa, puis la période de Noël. À la mi-janvier, je revis les gens que ma reine et moi avions côtoyés l'été précédent.

Quand je rentrai au travail le lundi suivant, j'eus un vague à l'âme qui dura trois jours. Je fis un exercice d'introspection pour savoir ce qui se passait et la réponse fut on ne peut plus claire : je n'appliquais tout simplement pas la déclaration que j'avais faite un an auparavant. Je gardais mon travail par sécurité, sachant pourtant intérieurement que je désirais être ailleurs. Je n'agissais pas *en accord* avec ma déclaration, avec ce que j'avais choisi d'être et de faire. Il y avait donc une dichotomie ; mon corps et mon humeur en étaient affectés. Combien de gens conservent-ils ainsi un emploi pour la sécurité, attendant d'être à la retraite pour réaliser leurs rêves ? Il n'est pas surprenant que leur moral et leur santé se détériorent au fil des ans. Et quand arrive la retraite tant attendue…

La Vie fait bien les choses. Mon contrat annuel, qui se terminait en juin, n'a pas été renouvelé. J'ignorais ce qu'allait être ma nouvelle vie professionnelle, mais il m'apparaissait dès lors que je ferais des choses à la fois semblables et différentes, que je travaillerais avec ma reine et que nous devions déménager pour installer des espaces de bureaux communs dans un nouveau domicile. La maison que nous habitions ensemble était mignonne, mais très petite.

Nous avons fait nos prévisions budgétaires et avons évalué qu'il nous fallait 5 000 $ pour payer les frais de déménagement et d'aménagement de notre nouvelle habitation. Mon salaire et les revenus de ma reine suffisaient pour boucler le budget mensuel, mais ne permettaient pas d'économiser un tel montant. Je restai dans mon cœur et fis confiance à la Vie en commandant les 5 000 $ requis. Il se produisit, au cours des six mois qui suivirent, une série de circonstances qui permirent d'amasser la somme en question. Chaque fois que l'Univers répond à une demande de ma part, je me demande toujours pourquoi je n'ai pas demandé davantage… C'est pourtant le même principe, mais on a de la difficulté à y croire. Va toujours pour les choses qui nous apparaissent comme étant « plus facilement » réalisables, plausibles, comme demander un stationnement, avoir l'argent pour payer le dernier compte d'électricité. Mais dès l'instant où l'on dépasse ce stade, on pense ne pas avoir la capacité. Il s'agit à ce moment d'aller voir au fond de soi et de déterminer quelle est la pensée racine : est-ce une foi absolue ou un doute irraisonnable ? Rappelez-vous, il s'agit de *savoir*…

Ce « miracle » fut le premier d'une série de miracles semblables. Pendant la période de Noël, nous avions visité une maison de ville dans un secteur de Québec qui nous attirait particulièrement. La maison nous plaisait et nous laissâmes notre nom sur une liste d'attente. Même s'il existait une cinquantaine d'unités et qu'aucun locataire n'avait signifié son intention de partir, le miracle attendu se produisit : un locataire dut, à son grand regret, quitter la maison qu'il louait. Il donna son avis après la date limite habituelle. Nous avons appris que la maison était libre alors que trois ou quatre personnes l'avaient déjà visitée. Mais il y avait tellement de travaux à effectuer pour la remettre en état, qu'elles n'avaient pas donné suite… et la maison nous revint.

Il nous fallait un mobilier de salle à manger. Ma reine était devenue une experte pour dénicher des aubaines sur

Internet et nous trouvâmes un ensemble qui correspondait à nos critères, le tout à un prix… indécent. Tous les nouveaux visiteurs qui entrent dans notre château – car c'est bien un château que nous habitons (après tout, ne sommes-nous pas reine et roi ?) – ont l'œil attiré par le vaisselier. Il n'a rien d'un meuble luxueux, mais il s'harmonise tellement bien dans le décor qu'il paraît avoir coûté très cher. En fait, nous avons payé la table, les quatre chaises et le vaisselier quelques dizaines de dollars. J'aurais dépensé plusieurs milliers de dollars dans le magasin de meubles le plus chic de Québec que je n'aurais pas été plus heureux. Le bonheur de l'avoir cherché sur Internet, de l'avoir négocié et transporté et, surtout, de voir qu'il répond à tous nos critères, qu'il est à notre goût et de surcroît qu'il plaît aux visiteurs, tout cela n'a pas de prix. En prime, ma reine y a installé la superbe vaisselle ainsi que la verrerie dont j'ai hérité de ma mère.

Juste avant de déménager, il me fallait changer de chaussures. À l'époque où j'étais entrepreneur, les affaires roulaient bien et je me payais volontiers des vêtements de qualité. Je m'étais procuré des souliers d'une valeur de 300 $, des chaussures fabriquées en Allemagne, qui pesaient deux plumes et qui étaient confortables comme des pantoufles. Je les ai usées à la corde. Après l'épisode de la faillite, je travaillais à cet emploi moyennement rémunéré. Je devais m'acheter une nouvelle paire de souliers et il m'apparaissait évident (!) que je devais visiter les magasins à bon marché. Mon choix s'arrêta sur des chaussures à 60 $, du genre mauvaise imitation italienne ; vraiment aucun raffinement ! Je les appelais mes grosses « godasses ». Celles-ci avaient la particularité de briser mes chaussettes.

Je ne sais combien de paires de chaussettes j'ai jetées à la poubelle en six mois. Finalement, je me suis résolu à me procurer une nouvelle paire de souliers.

On recommence alors l'opération magasinage. Sauf que, même après avoir visité une dizaine de magasins, je ne trouvais pas ce qui me convenait. Sans trop y croire, ma reine et moi nous rendîmes dans le centre commercial le plus huppé de Québec. Nous entrâmes dans un magasin de souliers et son regard fut immédiatement attiré par de superbes chaussures noires en solde. Leur prix d'origine était plutôt élevé, mais avec une réduction de 80 %, elles devenaient tout à coup très abordables. Elles avaient un design italien « raffiné » et étaient super confortables. Et ce n'est pas tout… Ma reine aperçut un magnifique soulier d'été réduit de 90 %, un modèle de l'année précédente ! Je chausse une pointure standard, celle qui disparaît normalement en premier lors d'un solde. Mais dans les deux cas, ma pointure était disponible et j'ai acheté la dernière paire du soulier d'été. Fou de joie, j'offris un sac à main à ma reine grâce à l'argent que je venais d'économiser.

J'ai des dizaines d'histoires semblables en banque, qui se sont déroulées au cours de l'été alors que nous aménagions notre palace. Chaque jour, et de nombreuses fois par jour, nous avons remercié l'Univers pour tant d'abondance. Mon amoureuse est une reine, nous habitons dans un château, notre voiture est le carrosse royal et je remercie tous les jours la Vie de faire venir à moi l'abondance sous toutes ses formes, régulièrement et avec facilité.

Si vous possédez une voiture délabrée, dont vous avez pourtant besoin pour vos déplacements d'affaires et personnels, remerciez la Vie de vous donner la possibilité de vous déplacer dans cette voiture. Aimez-la, donnez-lui un nom et parlez-lui, du genre : « Bonjour ! chère Cadillac de mon cœur, as-tu bien dormi ? » L'idée n'est pas de s'en faire accroire, mais plutôt de reconnaître que l'abondance se manifeste à tous les niveaux et, par le fait même, de semer le germe de l'abondance. Mais attention, vous devez en être intimement convaincu. Si derrière cette pensée se situe une pensée de manque, tout est foutu.

Lorsque, après la faillite, je dus prendre l'autobus pour mes déplacements urbains, j'étais bien petit. Une amie, à qui j'avais confié que je n'avais plus de voiture, n'en revenait tout simplement pas. Dans tout ce que je vivais à cette époque (séparation, faillite...), c'est le fait de ne plus avoir de voiture qui l'avait particulièrement déconcertée. Il faut dire qu'elle est entrepreneure et que l'image de la réussite lui est importante. Au début donc, je montais à bord de l'autobus la tête baissée. Puis, peu à peu, j'ai changé ma perception du transport en commun. Je m'étais trouvé du travail et j'avais emménagé dans un appartement en banlieue de Québec. Quelle ne fut pas ma surprise de constater que je montais à bord de l'autobus devant la porte de l'immeuble où j'habitais et que je descendais à la toute fin du trajet... devant la porte du bureau où je travaillais, le tout en moins de vingt minutes grâce à un parcours express dans des voies réservées, et sans le stress de conduire. Quel service ! Quand je voyais les automobiles qui faisaient la queue pour entrer en ville, je souriais. J'avais donc des limousines à toute heure du jour avec quelque 800 chauffeurs à mon service. Merci la Vie !

Par la suite, je pris l'habitude, lors du trajet du matin, de me centrer avant d'entreprendre la journée. Certains matins où c'était particulièrement tranquille, j'arrivais même à méditer. Ces moments sont devenus des instants sacrés. Et ma journée se déroulait de la plus belle façon qui soit. Je rayonnais et j'influençais même mon entourage.

La perception des choses que nous possédons ou des événements qui surviennent en relation avec la notion d'abondance déterminent si oui ou non nous vivons l'abondance ou le manque. Si, dans notre idée, le fait de se promener dans une vieille bagnole ou en autobus constitue un manque et que nous ressentons de la frustration, nous ignorons, dans un premier temps, que tout ce qui nous entoure est une richesse et, en second lieu, qu'il sera impossible de faire survenir la prospérité financière, si c'est ce que nous désirons. Dans les anecdotes que j'ai relatées, celle des souliers est à mes yeux particulièrement révélatrice. Lorsqu'on pense petit, on obtient petit ; mais lorsqu'on ouvre grand, immenses sont les retombées. Tout est une question de perspective.

Notre manière de penser teinte obligatoirement les événements de notre vie, car la pensée crée. Auparavant, je me disais que je pouvais bien commander tout ce que je voulais, mais que la réalité allait finir par me rattraper un jour ou l'autre ; ce qui arrivait, inévitablement. Le loyer arrive toujours le premier du mois et l'épicier doit être payé si je veux manger. Je pensais également que certaines situations dépendaient de mon entourage. Si ma conjointe n'a pas suffisamment d'argent pour payer sa part du compte d'électricité, cela ne dépend pas de moi et est hors de mon contrôle. En réalité (c'est le cas de le dire), aux yeux de l'Univers et de l'énergie qui circule, il n'y a aucune différence. Ma reine a des revenus qui fluctuent constamment et il serait facile pour moi d'être inquiet, à savoir si elle peut assumer sa part de dépenses. Elle est convaincue, en fait elle *sait*, que la Vie lui apporte l'argent dont elle a besoin en temps voulu. Et c'est toujours ce qui s'est produit. Notre pensée influence notre réalité beaucoup plus que nous... pensons !

Une chanteuse et comédienne québécoise connue raconte comment elle avait tout perdu et qu'il ne lui restait qu'une pièce de 25 cents dans son sac à main. Elle s'est servie de cette pièce pour téléphoner et a changé sa vie à tout jamais. Si vous croyez que ces mots ne s'appliquent pas à vous, si vous en arrachez financièrement dans votre vie quotidienne, sachez qu'il y a une foule d'anecdotes comme celles-ci et que, si cela arrive aux autres, il y a toutes les raisons du monde pour que cela vous arrive aussi. Changez votre manière de voir et de penser et observez les résultats. De grâce, voyez l'abondance en tout. Soyez l'abondance, car l'abondance engendre l'abondance, tout comme l'amour engendre l'amour.

Vous vous demandez peut-être quel est le rapport entre le fait d'avoir changé mon orientation professionnelle et ces petits miracles reliés à notre déménagement et à l'acquisition de biens pour notre palace. En fait, l'Intelligence Universelle qui circule en nous ne fait pas de distinction entre vie privée et vie professionnelle. En prenant la décision de travailler dans ce qui me tenait à cœur, donc en agissant *en accord* avec ma déclaration de l'année précédente, j'agissais en cohérence avec moi-même, avec qui j'avais choisi d'être. Si vous êtes artiste dans l'âme et que vous décidez d'être une femme ou un homme d'affaires parce que vous en avez marre de vivoter financièrement, vous ne l'aurez pas facile. Demeurez plutôt cet artiste que vous êtes, élevez vos vibrations en vous « connectant » à la Source, à votre Source (ou à votre Moi supérieur), puis appliquez les principes énoncés ci-dessus et vous changerez votre vie… tout en restant vous-même. Alors, manifestez qui vous êtes ; ce faisant, vous serez inévitablement dans le cœur de votre être et vous saurez que la Vie vous amènera la bonne chose au bon moment et qu'il n'y a pas de limites. Les seules limites sont celles qui proviennent de votre esprit.

Cela paraîtra peut-être cliché de dire que nous avons tout en abondance en regardant la nature : elle regorge de beauté, de richesses immenses, de nourriture en quantité suffisante pour nourrir tous les habitants de la terre. La concentration de la richesse – et surtout du pouvoir – fait en sorte que des êtres humains meurent de faim. Mais tout est là à notre portée ! Vous me direz peut-être « C'est bien beau, mais ce n'est pas ça qui va payer mon loyer et mes factures. Et j'aimerais bien faire un voyage pour me reposer, ou me payer un peu de luxe ». Reconnaissez d'abord la richesse de ce qui vous est donné naturellement et gratuitement, à commencer par l'être merveilleux que vous êtes, la magnificence de votre corps, puis la nature, notre planète, l'Univers et votre vie changera. Si un mendiant est capable de partager les recettes de sa quête avec ses consoeurs et confrères parce qu'il a du succès en « affaires », si les mendiants de Katmandou respirent le bonheur, si des êtres ayant vécu un « océan de tempêtes » sont heureux, si des gens sont sereins après la perte d'êtres chers, alors soyez aussi heureux en bénissant qui vous êtes, ce que vous avez, ce qui vous arrive et ce que vous faites.

Remerciez la Vie de mettre sur votre chemin des personnes merveilleuses, même si elles vous font travailler, des expériences « enrichissantes » même si elles vous semblent difficiles, des biens matériels formidables même s'ils vous paraissent insuffisants, car la vraie richesse se situe au-delà de ce que vous possédez.

Elle est intérieure et n'a pas de prix.

> **Comment on fait ?**
> **Pour vivre l'abondance**
>
> – Je mets la main gauche sur mon cœur.
> – Je prends trois bonnes respirations conscientes. J'inspire l'amour et j'expire la joie de vivre l'abondance.
> – Je visualise l'abondance dans toutes les facettes de ma vie : amour, santé, prospérité, relations, profession…
> – Je reconnais et je sens l'abondance en tout.
> – Je prends la décision de me laisse guider.
> – Je remercie la Vie pour tant d'abondance.
> – Je suis serein, car je sais que la Vie m'apporte tout ce dont j'ai besoin, et le surcroît, maintenant et à chaque jour.

Troisième partie

Le retour

DIX

Pouvoir, quand tu nous tiens

OUR se rendre heureux, on doit nécessairement être
maître de soi. Être maître de soi implique nécessairement être conscient de qui l'on est, à commencer par la reconnaissance de notre nature Universelle et,
conséquemment, du pouvoir qui nous habite tous. Nous
avons effectivement le pouvoir de nous changer, le pouvoir de changer le cours de notre vie – après tout, c'est
nous qui décidons de notre destination dans ce fabuleux
voyage – le pouvoir de nous guérir, le pouvoir de créer, le
pouvoir de… En fait, ce pouvoir est immense, mais on se
doit d'abord de le reconnaître, puis de le rapatrier.

Car nous l'avons cédé dès notre naissance. En fait,
on nous l'a pris. On nous a enseigné, quand nous étions
jeunes, que nous sommes petits et que, conséquemment,
nous ne pouvions penser par nous-mêmes. Nous avons
dès lors remis notre pouvoir entre les mains des autres:
ceux qui nous ont précédés et ceux qui nous entourent,
à commencer par nos parents, puis les enseignants, les
gouvernants, les ecclésiastiques, les financiers et les médecins, ceux qui justement détiennent le pouvoir et désirent
le garder pour leur profit et leur soif de… pouvoir.

Cela commence effectivement dès notre enfance. Nous
allons à l'école pour recueillir des connaissances, non pas
pour développer la sagesse, et surtout pas pour apprendre
à être dans notre cœur. Que des données factuelles pour

obtenir du travail plus tard. On ne nous apprend pas vraiment à donner notre point de vue, à faire jaillir nos connaissances intrinsèques, à laisser parler notre cœur. Alors plus tard, quand arrive un manipulateur ou un gourou, on remet entre ses mains le peu de pouvoir que l'on possède. Et j'ai été témoin d'une telle situation, où des gens parfaitement équilibrés en sont venus à interpeller le gourou pour chaque décision à prendre, chaque lecture à faire et chaque geste à poser. La même chose peut se produire dans le cas des thérapeutes, alors que nombre de gens leur remettent leur pouvoir. Croyez-moi, un vrai maître n'agit jamais ainsi ; il fera toujours en sorte de vous laisser votre pouvoir, car il sait que les réponses à vos questions ou aux situations difficiles que vous vivez sont en vous et nulle part ailleurs. Il s'agit de votre quête et non de la sienne.

C'est aussi à l'école que nous est inculquée la notion de compétition, que ce soit en termes de rendement scolaire ou sportif. On y apprend que certains sont meilleurs que d'autres. Moi qui ai toujours eu des notes moyennes et qui ne performais pas vraiment dans les sports, j'en venais à penser que j'étais moins bon, que j'avais moins de valeur et, sans m'en rendre compte, je cédais dès lors mon pouvoir aux mains des plus performants en les mettant sur un piédestal. Ce n'est que beaucoup plus tard que j'ai compris à quel point gagner pouvait être merveilleux. Mais pas gagner sur les autres, gagner sur soi, nuance. J'ai joué plusieurs années au badminton et le résultat ne m'importait guère. Je pouvais avoir perdu un match, mais avoir gagné à mes yeux parce que j'avais découvert une nouvelle feinte. Au Danemark, on évalue les élèves à partir de la 9e année de scolarité. Il y a bien sûr des examens, mais ceux-ci servent à vérifier si l'élève a compris, non pas à lui dire qu'il est meilleur ou moins bon. Curieusement, le taux de décrochage scolaire dans ce pays se situe sous la barre du 1 % !

Heureusement, avec l'élévation de la conscience que l'on observe maintenant, la tendance est en voie de s'inverser. Au Québec par exemple, les femmes ont, depuis quelques années, rapatrié leur pouvoir en regard des hommes. Le travail n'est pas terminé, mais un bon bout de chemin a été réalisé en comparaison avec plusieurs pays occidentaux. Le même phénomène est en voie de se produire envers les médecins. De plus en plus de gens prennent leur distance face à la parole « sacrée » d'un médecin et se tournent vers des médecines naturelles ou vers leur propre médecin intérieur.

Jusqu'où va le pouvoir de l'être humain ? Celui qui se connaît vraiment, qui *sait* d'où il vient et où il va, celui-là a un pouvoir illimité, s'il a la sagesse d'exercer son pouvoir pour devenir un être meilleur. Car le vrai pouvoir est indissociable de l'amour. Je dis bien « vrai pouvoir » ; je ne parle pas de la force physique que peut utiliser un homme sur une femme, ou du contrôle dictatorial sur un peuple. Non, il s'agit de bien autre chose.

Pour exercer son vrai pouvoir, l'être humain doit s'aimer lui-même, d'abord et avant tout. Même si vous êtes alcoolique, itinérant, batteur de femmes, égoïste, vous pouvez vous aimer. Beau contrat, me direz-vous… et pourtant ! Il n'est rien donné qui ne peut être surmonté, à commencer par le travail sur soi. Être maître de soi est assurément la plus belle destination dans un voyage, avec de merveilleux cadeaux en perspective. En fait, voilà la première étape où l'on peut exercer son « vrai pouvoir ».

Celui-ci est à notre portée et, de plus, il est gratuit: le pouvoir de se changer...

La non-acceptation

Encore faut-il savoir que cela est possible, étape essentielle au changement. J'ai eu l'occasion de discuter de ce sujet avec une amie et, pour elle, il est impossible de changer; on est comme on est. Et cette idée est largement véhiculée par le principe de l'acceptation: accepter qui l'on est, accepter ce qui nous arrive, etc. Oui, on peut accepter ce qui est extérieur à soi, ou son corps. Mais accepter sans mot dire ses comportements tout en sachant qu'ils nous nuisent et qu'ils empoisonnent notre vie, il y a une différence. Je suis jaloux ou bien je ne suis pas généreux, et je m'accepte comme je suis...? Je suis fibromyalgique et j'accepte ma maladie? Le mot « acceptation », ou du moins la façon dont on l'utilise et on le perçoit, a une double connotation: d'une part, il comporte une notion de résignation; d'autre part, il révèle que les choses sont ainsi et qu'elles sont immuables (paradigme).

De ce fait, la plupart des gens croient que changer est soit impossible, soit douloureux et difficile. Et pourtant! « Demandez et vous recevrez. » Un jour, je participais à une rencontre de groupe pendant laquelle nous en sommes venus à parler de ce sujet. Je citais en exemple un changement que j'avais opéré chez moi et quel bienfait j'en ressentais. Une des participantes m'a demandé comment j'avais fait. J'ai répondu spontanément: « Je l'ai demandé. » La Vie répond toujours positivement à une telle demande, car elle est destinée à ce que nous devenions un être meilleur.

Plutôt que de parler d'acceptation (mot qui signifie « prendre vers soi »), je préfère parler de « reconnaissance ». Reconnaître (« connaître à nouveau ») que je suis jaloux, reconnaître que je ne suis pas généreux. L'étape suivante, à savoir que l'on peut changer ses comportements si on le désire, en est facilitée. J'en sais quelque chose, car j'étais justement un être peu généreux. J'étais fils unique et la vie m'avait habitué à ne penser qu'à ma petite personne. Avec l'aide de Carole, j'en pris conscience et je constatai que cela me rendait malheureux. J'oubliais constamment les autres, je n'étais pas prévoyant et je m'en voulais chaque fois, car je ne pensais pas à donner. Un jour, je pris la décision de changer. Je fis des méditations et demandai à mon cœur de modifier ce comportement chez moi. Cela prit un certain temps et, curieusement, la guérison se produisit lors de ma séparation d'avec Carole. Environ deux semaines après qu'elle eut quitté la maison, je pleurai toutes les larmes de mon corps pendant deux longues journées. Je libérai à ce moment plusieurs engrammes incrustés dans mes cellules. Et le manque de générosité en faisait partie. Aujourd'hui, les gens qui m'entourent louent mon altruisme, ma disponibilité et mon sens de l'écoute. Donner peut prendre plusieurs formes et je reçois d'autant plus. Je remercie Carole et la Vie pour ce précieux cadeau. Tout peut être changé, nous en avons le pouvoir ; il suffit de le savoir et de l'utiliser. Vous avez une dépendance ? Demandez la guérison et l'on vous entendra.

L'être humain a cependant la fâcheuse tendance à porter des jugements. Mental, quand tu nous tiens... Il qualifie les actes en termes de bien et de mal et il fait de même pour les comportements en déclarant que ce sont des qualités et des défauts. Par exemple, l'avarice est considérée comme un défaut et la générosité comme une qualité. À ce moment, comment peut-on savoir où commence et où finit chacune ? Sur une échelle de 1 à 10, à quels points situe-t-on l'avarice et la générosité ? Je parie que si je demande à dix personnes, je n'obtiendrai pas de consensus, car elles donneront une évaluation en fonction de leur propre inter-prétation, ou conception de l'avarice et de la générosité.

En réalité, il s'agit d'un seul et même comportement développé de façon opposée. Afin d'illustrer ce propos, prenons l'exemple de l'eau. Au-dessus de zéro, l'eau a sa consistance « normale » (liquide) et, au-dessus de 100 °C, elle bout et se transforme en vapeur, alors qu'au-dessous de zéro, elle devient de la glace. Pourtant, nous parlons toujours en termes d'eau, n'est-ce pas ? Dirons-nous alors que l'eau dans son apparence habituelle est une qualité et que l'eau devenue vapeur ou glace est un défaut ? Vous conviendrez avec moi que cela n'a rien à voir. Il en va de même chez l'être humain. Si vous désirez changer un comportement, la première étape est d'éliminer le juge-ment que vous portez envers celui-ci, donc envers vous, et votre travail en sera facilité. Être avare, économe, géné-reux ou dilapidateur ne doivent pas être perçus comme étant des qualités ou des défauts ; ils représentent plutôt des comportements issus de la même énergie, tout comme la vapeur et la glace constituent des états différents de l'eau selon les facteurs auxquels elle est soumise. L'avarice s'avère donc le côté économe d'une personne... développé à l'extrême dans un sens.

Si l'individu en question décide de modifier cette facette de sa personnalité, il aura alors la possibilité de le faire en utilisant le pouvoir qui est naturellement mis à sa disposition. Et, pour devenir généreux, il se peut qu'il doive passer par l'étape de la dilapidation. Ainsi, après avoir fait l'expérience qui se situe à l'extrémité opposée du comportement qu'il veut changer, le mouvement du balancier finira par diminuer d'intensité et oscillera près du centre. L'individu deviendra ainsi généreux et économe : l'équilibre sera atteint. Il aimera ce nouveau comportement et s'aimera lui-même. L'amour de soi est primordial pour passer à l'étape suivante, l'amour des autres.

Il m'a été donné de discuter de cet exposé avec une personne qui avait beaucoup de difficulté à croire que l'on peut être les deux à la fois. Ou l'on est généreux, ou l'on est économe, avançait-t-elle. Pourtant, tout est deux, rappelez-vous. Le principe binaire qui est à la base même de la vie s'applique également dans le cas des comportements humains. Et c'est en étant à la fois l'un et l'autre que l'on peut atteindre l'équilibre. Prenez un funambule : pour demeurer debout sur son fil, il doit faire osciller son bâton légèrement de gauche à droite. S'il fait de grands mouvements (les extrêmes), ou s'il arrête complètement d'en faire, il finira par tomber. Je donnais un autre exemple à mon interlocutrice, à savoir qu'on se devait d'être à la fois doux et ferme. Elle croyait encore là que c'était impossible. Pourtant, c'est bien ce que font les parents avec leurs enfants : ils utilisent la douceur et la fermeté. Mais s'ils sont fermes au point d'être durs, les enfants subiront des traumatismes ; et s'ils sont mous au lieu d'être doux, on verra apparaître les enfants rois... Le fait est qu'il y a un temps pour chaque chose.

> Comment on fait?
> **Pour changer un comportement**
>
> – Je ferme les yeux et je mets la main gauche sur mon cœur.
>
> – Je prends trois bonnes respirations conscientes (à vous de choisir ce que vous inspirez et ce que vous expirez).
>
> – Je prends contact avec mon intention.
>
> – Je me vois en ce moment précis tel que je choisis de devenir. Si, par exemple, je choisis de devenir un être généreux, je me vois en train de donner de l'amour, du bonheur, du temps, de l'argent. Je vois et je ressens le bienfait que ces gestes procurent aux autres.
>
> – Je déclare à haute voix : « À compter de maintenant, je suis un être généreux. »
>
> – Je sens et je goûte comme il est bon d'être généreux.
>
> – Je remercie la Vie de ce que mon vœu est déjà réalisé.
>
> – Je passe à autre chose.

Tout peut-il être changé au niveau de la vie intérieure ? Oui, nous en avons le pouvoir. Est-il souhaitable de tout changer ? Non. Il y a deux choses que je vous invite à ne pas changer : au niveau de qui vous êtes en regard de votre *Moi supérieur* et au niveau de qui vous êtes d'une façon *spécifique dans cette vie.*

Votre *Moi supérieur* est « connecté » à la Source, la Conscience universelle, celle d'où émane tout ce qui existe et qui est pur amour. Si vous allez à l'encontre de l'amour, votre vie sera faite de chutes intempestives, de cascades géantes, de remous et de forts courants sous-marins, ou de perpétuels océans de tempêtes (ça vous dit quelque chose ?). Pas facile de naviguer dans de telles conditions. Soyez dans votre cœur et vous pourrez voguer en des eaux plus clémentes et ainsi mener une vie paisible et joyeuse en contemplant les magnifiques paysages qui s'offrent à vous. Et vous reviendrez à la maison « heureux comme Ulysse… ». Oui, en tant qu'être humain, c'est votre droit ! Mais reconnaissez d'abord la nature de l'Amour universel de votre Moi supérieur.

Il y a un *élément qui vous caractérise de façon spécifique dans cette vie*. En ce qui me concerne, je suis un genre d'Indiana Jones. J'aime les aventures, les défis, les changements. Si j'ai « fait le tour du jardin » dans un boulot, je ne resterai pas pour la paye, sinon je vais mourir à petit feu. C'est ce qui est arrivé au moment où j'ai fait un *burnout*. Mon travail ne me motivait plus, alors j'ai cherché des stimulations à l'extérieur et j'ai brûlé la chandelle par les deux bouts, même si je faisais des choses saines. Ma reine, de son côté, est une personne lente. Lorsqu'elle était jeune, cela lui causait des problèmes. Elle finissait de manger longtemps après les autres et la nourriture était froide. À l'école, elle arrivait à peine à compléter ses examens, toujours la dernière à sortir de la classe. De nombreuses années plus tard, une personne d'une grande sagesse lui dit : « Ne vois-tu pas que tu es là pour ralentir les autres ? » Elle n'avait jamais vu sa lenteur sous cet angle. Pourtant, le slogan qui apparaît sur ses cartes d'affaires d'esthéticienne se lit comme suit : « Un arrêt dans la course de votre vie ». Sachant à quel point tout le monde court après le temps, ce qu'elle considérait comme un handicap était maintenant devenu un atout.

Le temps qu'il fait

À partir du moment où l'on sait intuitivement qu'on a le pouvoir de se changer soi-même, on réalise que notre pouvoir est immense et que ses applications sont également immenses. Alors que j'étais entrepreneur en gestion d'événements, on me demandait souvent, en fait on me le demandait toujours, si j'avais un « plan B » en cas de pluie, lorsqu'un événement se déroulait à l'extérieur. Je répondais toujours la même chose : « Non, ce ne sera pas nécessaire ; je vais faire faire beau, c'est dans mon contrat. » Mon client souriait. Moi aussi, mais pas pour la même raison. Je *savais* qu'il ferait beau. À quelques reprises, j'ai dû tenir les nuages à bout de bras et leur demander d'attendre la fin de l'événement avant de dégoutter et, ma foi (!), ils m'ont écouté. Je me suis aperçu que je pouvais influencer la météo. Le 17 juillet 2007, j'ai organisé avec une amie une grande méditation dans un parc à Québec. Évidemment, j'avais passé la commande habituelle. Un ami animait la journée qui comportait également un volet loisirs. Puis, il fut appelé d'urgence à son travail, en banlieue de la ville. Deux heures plus tard, il m'appelait sur mon téléphone portable afin de s'informer de la météo. Dans le parc, il faisait un soleil radieux, mais dans son patelin, l'orage grondait à fendre les cieux. En fait, il y avait un grand cercle de nuages noirs et menaçants autour de notre site, mais le soleil brillait au-dessus de nos têtes. Certains diront que tout ça est du hasard. Quoi qu'il en soit, je n'ai jamais élaboré de « plan B ».

Le temps qu'il fait me fascine. En réalité, je crois sincèrement que les humains ont une grande influence sur la météo. Mais comme ils ignorent leur pouvoir, ils ne s'aperçoivent pas qu'ils sont en grande partie responsables du déséquilibre des conditions météorologiques. Depuis quelques années, on note des variations extrêmes, et quand je vois un été de sécheresse ou de fortes pluies, il monte en moi une pensée du genre : « La terre n'est pas contente. » Loufoque ? Pas si sûr. On me dira que ça ne tient pas la route, qu'il y a toujours eu des variations de ce genre, que la planète se réchauffe, que les champs magnétiques de la terre sont en train de s'inverser, etc. Dans mon esprit cependant, les humains ont majoritairement dominé les éléments sans le savoir. Cela fait partie de ce que l'on nomme « l'inconscient collectif ». Ses effets sont immenses. Laissez-moi vous le démontrer.

Nous sommes d'accord pour affirmer que la pensée crée, n'est-ce pas ? Rien n'a été créé par l'humain sans avoir d'abord été imaginé, pensé ou rêvé par lui, à commencer par les grandes inventions telles que la roue. Nous avons ce pouvoir de faire surgir des choses du néant et de les rendre réelles. Pour qu'un Terrien aille sur la Lune, quelqu'un quelque part en a eu l'idée originale. Il a partagé cette vision avec d'autres personnes et la puissance créée par le groupe a fait en sorte que son rêve se réalise. Seul, il n'y serait jamais arrivé. Donc, plusieurs personnes ont uni leurs talents et leur travail, bien sûr, mais surtout leur vision et leur volonté de réussir. Et on connaît la suite. Nous parlons ici de cocréation « consciente ».

> Tout ce qui est en haut est comme ce qui est en bas,
> et tout ce qui est en bas est comme ce qui est en haut.

Si nous avons le pouvoir de créer consciemment, à l'inverse, ce pouvoir est tout aussi réel si nous ne faisons pas attention à nos pensées, et il s'ensuit des résultats non souhaités. Un individu a ainsi le pouvoir de se rendre malade ou de se faire vivre toutes sortes d'expériences difficiles, uniquement par sa manière de penser. Je parle

en connaissance de cause, car auparavant, j'étais profondément convaincu qu'il fallait toucher le fond du baril
lorsque tout allait de travers afin de pouvoir me donner
un élan et remonter à la surface. Et cela m'est arrivé de
nombreuses fois, croyez-moi.

Qu'arrive-t-il si plusieurs personnes entretiennent des
pensées de basses vibrations ? Par exemple, si un dictateur despote en arrive à contrôler tout un peuple et à tuer
ceux qui ne pensent pas comme lui, est-il possible qu'il
arrive à ses fins s'il est seul ? Eh bien ! non. Il aura fallu que
d'autres personnes aient une oreille attentive, que les propos du dictateur viennent en résonance avec leurs propres
pensées pour que se manifestent dans la réalité les visées
de l'homme fort. En fait, son pouvoir a été multiplié par
l'exposant 2 selon le nombre de personnes qu'il a réunies
($2 \times 2 = 4$; $4 \times 4 = 16$; $16 \times 16 = 256$, etc.). Le peuple n'a
pas souhaité une telle situation, mais, inconscient de son
propre pouvoir, il a laissé aller. Pourtant, il était drôlement
plus nombreux que la poignée d'individus au « pouvoir ».
Mais la puissance de ces derniers, grâce à l'exposant 2, a
finalement eu raison du peuple qui n'a pas uni ses pensées
afin de contrer le fléau et a, de ce fait, contribué inconsciemment à engendrer une situation destructrice.

Le même phénomène peut être transposé à la tempé-
rature. Si une majorité de personnes se nourrit de basses
vibrations et les projette, il s'ensuit des conséquences à
plusieurs niveaux. Ces gens engendrent des situations problématiques dans leur vie, à commencer par leur propre
santé, puis dans leurs relations avec les autres. La force
du groupe – parlons ici de la population mondiale – produit à son tour toutes sortes de réactions, dont les guerres,

les krachs boursiers, les famines et... les cataclysmes. Les pensées non contrôlées, c'est-à-dire l'inconscient collectif, agissent à plus d'un titre. Nous avons ce pouvoir, il suffit de s'en rendre compte. Quand j'entends des gens crier : « Je hais l'hiver, maudit hiver », un frisson me parcourt le dos. Comment peut-on maudire l'hiver et penser que cela n'a aucun effet ? Exposant 2...

Heureusement, la conscience s'élève et on peut en voir les effets, notamment au niveau de l'environnement. Encore là, ce résultat ne peut être obtenu par une seule personne. Je ne sais pas qui a parti le bal, mais il y a fort à parier que le premier à faire une sortie pour dire que la planète est en piteux état n'a pas obtenu une grande écoute. Il aura fallu des scientifiques, des hommes publics et des artistes de renom, en somme de nombreuses personnes de différentes provenances, pour que, finalement, la population réagisse et fasse sa part. Certains gouvernements ont emboîté le pas, mais pas tous... Alors, que pouvez-vous faire pour améliorer le sort de la planète, pour que notre bonne vieille terre ne soit plus une poubelle ? Sortir vos pancartes et manifester contre les gouvernements ?

Rassemblez plutôt des personnes et agissez ensemble. Rêvez la planète comme vous voudriez qu'elle soit, envoyez de l'amour aux dirigeants de ce monde, plantez des arbres pour oxygéner votre ville, mettez sur pied des salons de l'environnement, priez, méditez. N'agissez pas contre, agissez pour. Et faites-le en groupe.

Jouer avec le temps

Tout comme l'artiste maître de son art sait qu'il peut produire des chefs-d'œuvre, l'être humain a un savoir inné qui lui permet de jouer avec des éléments de la vie et de produire ainsi des résultats qui dépassent l'entendement ou, du moins, qui sont considérés comme normaux. Il en va ainsi du temps.

L'homme, dans son souci de tout mesurer et, surtout, de toujours arriver à l'heure, a bâti un système chronologique servant à mesurer le temps, ce qui est très bien. Cela permet, par exemple, de trouver un terrain d'entente temporel entre deux personnes qui se sont donné rendez-vous. Cependant, cette façon linéaire de percevoir et de concevoir le temps a un envers de médaille : on pense que le temps est immuable.

Le temps m'apparaît comme une route sur laquelle nous nous déplaçons à des vitesses variables. Et on en a tous fait l'expérience. Qui de nous n'a pas dit un jour que le temps avait passé trop vite dans des moments de grand bonheur, ou que le temps paraissait interminable dans une situation d'attente ? N'y a-t-il pas ce concept affirmant que « le temps est relatif » ? Nous vivons effectivement dans un monde de relativité, ainsi en est-il du temps. Donc, même s'il s'est écoulé des minutes et des heures « normales » à notre montre, nous pouvons nous projeter en dehors du temps et le percevoir différemment. Mais si de telles situations existent vraiment, et que nous les combinons à notre pouvoir intérieur, est-il possible alors de modifier consciemment le temps pour qu'il soit à notre avantage ? La réponse est oui, et il m'est arrivé à plus d'une occasion de l'expérimenter.

Je me souviens, lorsque j'étais dans la trentaine, avoir eu la nette impression que le temps me filait entre les doigts. Je composais alors des chansons et pratiquement toutes faisaient allusion au thème du temps. Je me suis finalement aperçu que je ne me réalisais pas. Il y avait des choses que je désirais faire dans ma vie et ce n'était pas en demeurant assis derrière le bureau, alors que j'étais directeur du service à la clientèle, que mes rêves allaient se réaliser. C'est la période qui a précédé le *burnout* évoqué précédemment. La Vie s'est chargée de m'aider à réaliser mes rêves… En fait, je ne voulais pas arriver à 65 ans et dire : « J'aurais donc dû faire ceci ou faire cela. » La première action que j'ai faite, après avoir donné ma démission dans le but de récupérer physiquement et de réorienter ma vie, fut de m'acheter une guitare électroacoustique et un système de son, puis de chanter. Auparavant, le temps me paraissait filer trop vite ; je l'ai donc ralenti en vivant des expériences qui me tenaient à cœur.

Quelques années plus tard, alors que j'étais entrepreneur en gestion d'événements, j'avais développé une façon de me préserver en m'accordant des vacances estivales. Celles-ci pouvaient représenter de deux à quatre semaines – quatre de préférence – en juillet. Pour y arriver, je n'acceptais pas de mandats durant l'été. Septembre étant un mois bien rempli, je commençais le travail sur les mandats de la rentrée au mois de juin et les poursuivais en août. Cependant, lorsqu'on est travailleur indépendant, il y a des contrats que l'on ne peut refuser et ce, pour différentes raisons : un bon client, le CV de l'entreprise, les entrées d'argent, etc. Les six premiers mois de l'année 2002 avaient été pour moi fort occupés. En plus de travailler d'arrache-pied à réaliser les différents événements, mon employée avait démissionné au début du printemps et j'avais dû compléter seul le premier semestre, n'ayant « pas eu le temps » de mettre sur pied l'appel de candidatures pour la remplacer. Nous étions en juin, j'étais fatigué et j'avais hâte aux vacances pour me reposer et reprendre le dessus.

Puis, coup sur coup, on m'offrit l'organisation de deux événements majeurs – que je ne pouvais refuser, évidemment –, le premier se tenant le 15 août, et le second le 17 août. Je retins les services d'une personne afin de m'assister dans les deux premières semaines du mois d'août et je pris deux semaines de vacances à la fin juillet, sachant tout de même que ce ne serait pas suffisant pour être vraiment reposé. Au premier jour de mes vacances, je fis une déclaration : « À compter d'aujourd'hui, et ce pour les deux prochaines semaines, chaque journée compte double. » Après ces deux semaines, j'avais la nette impression qu'un mois s'était écoulé : j'étais reposé, en forme et d'aplomb pour réaliser les deux mandats qui m'attendaient à mon retour. J'avais une fois de plus ralenti le temps et la magie avait fait son œuvre. On me dira que je me suis servi de mon imagination pour y arriver. « *So what?* » C'est le résultat qui compte. Le moyen pour y parvenir consiste justement à utiliser l'un des pouvoirs les plus puissants de l'être humain, son imagination.

J'ai entendu plusieurs témoignages de personnes qui ont vécu une séparation, à l'effet qu'il faut du temps pour s'en remettre, du temps pour guérir les blessures, du temps pour prendre du recul et, pour certaines, du temps afin de suivre une thérapie de plusieurs mois, voire de quelques années. Et combien de fois ai-je entendu que « le temps arrange les choses », ou qu'il « efface tout » ? Je regrette, mais le temps n'arrange rien et n'efface rien.

C'est nous qui, à travers le temps, arrangeons les choses. Le fait est que l'on ne s'en aperçoit pas. Un beau jour, un peu à notre insu, inconsciemment, nous décidons de pardonner, nous vivons une guérison et nous passons à autre chose. Vous avez peut-être sursauté lorsque j'ai relaté la fin de ma relation avec Sylvie et le début de celle avec ma reine, vu le court laps de temps qui s'est écoulé entre les deux événements. En effet, entre le moment précis où Sylvie m'annonça que c'était fini et ma rencontre avec mon grand amour, il s'est écoulé exactement trois mois et demi. « Foutaise », diront certains, « on ne peut passer ainsi d'un amour à un autre, tu dois encore aimer la pre- mière, ou tu n'aimes pas vraiment celle que tu appelles ton grand amour ! » Moi, je sais ce que je ressens et il n'est pas question de me mentir à moi-même, ça ne ferait qu'oc- casionner des situations non souhaitées. Sylvie était com- plètement sortie de moi et j'étais prêt à vivre autre chose.

En fait, pour faire accélérer les événements, il y a une façon de faire et c'est – eh oui ! – de passer par le cœur. La notion de temps existe dans notre esprit, alors que notre Moi supérieur se trouve hors du temps. Lorsque j'étais en peine d'amour de Sylvie, vous vous souvenez que je m'étais séparé en deux. D'un côté, j'exprimais et je libérais mes émotions (par l'esprit) et, de l'autre, je prenais contact avec mon Moi supérieur (par le cœur) ; j'ai pu ainsi fran- chir des pas de géant, et ce, en peu de temps. Chaque jour, je voyais et sentais s'opérer le changement en moi.

Grâce à la méditation, aux réponses que je trouvais dans les livres et, surtout, en prenant contact avec cet état d'Amour universel, ma guérison et ma libération en regard de la relation qui se terminait se sont accélérées. Mon amour pour Sylvie s'est dès lors transformé : d'amour humain, il est devenu Amour universel. Je n'aimais plus la personne, mais j'aimais toujours son âme et c'est là toute la beauté de la chose.

Je vous suggère donc de procéder de la même façon : s'il vous arrive un événement difficile dans votre vie, prenez-le par les deux bouts ; suivez une thérapie s'il le faut et exprimez vos émotions, mais « connectez-vous » également à votre Moi supérieur par le biais du cœur et demandez la guérison. L'Univers ne peut rester sourd à une telle demande. Entrez en contact avec votre cœur chaque jour dès le réveil et vous découvrirez que votre libération, ou votre guérison, est déjà là et ne demande qu'à se manifester. Et ne vous inquiétez surtout pas si vous sortez de votre cœur par moments ; il y a d'autres moments à venir et il est très facile d'y revenir quand on a décidé de vivre dans le cœur.

Par la suite, après que j'eus activé l'ouverture de mon cœur, je constatai des applications dans mon quotidien. Depuis ce temps en effet, j'obtiens des réponses à mes questions à une vitesse étonnante. En voici deux exemples.

À cette époque, je vivais avec ma reine et j'avais trouvé du travail. Je voyageais en autobus pour me rendre au boulot. Un beau matin, mon regard fut attiré par le logo de l'ancienne ville de Sainte-Foy apposé sur l'immense réservoir d'eau. Sainte-Foy, qui jouxte Québec, avait été fusionnée à Québec quelques années plus tôt et je me disais qu'on devrait effacer ce logo, ou le remplacer par celui de Québec. De plus, en ce qui me concerne, je l'avais toujours trouvé peu élégant. Quelle ne fut pas ma surprise de lire dans le journal du lendemain matin, au moment même où l'autobus passait devant le réservoir, que l'ancienne mairesse de Sainte-Foy, qui était devenue mairesse de Québec, désirait le laisser là, en souvenir de ce que fut la ville qu'elle administrait jadis. Wow! Quelle réponse rapide à ma question!

Ou encore cette autre fois où je tenais un dépliant dans mes mains en me demandant sur quelle sorte de papier il avait été imprimé. Je travaille en communication et le sujet m'intéresse; je n'avais jamais touché à un tel papier auparavant et je le trouvais superbe. Dès l'instant où je posai la question, je vis une note en bas à droite du dépliant qui indiquait la sorte de papier et pourquoi on l'avait choisi. Il est extrêmement rare de trouver une telle information sur un outil promotionnel, mais elle était bel et bien là… pour répondre à ma question! Décidément, tout allait de plus en plus vite.

Je trouvai le jeu des questions fascinant. Maintenant, lorsque j'ai besoin d'une réponse à une situation donnée, je me centre, je mets ma main gauche sur mon cœur et je pose la question. La réponse monte instantanément. Et si la Vie décide qu'il est meilleur pour moi d'obtenir la réponse dans un autre temps et en d'autres circonstances, je laisse aller en sachant que la réponse finira par venir de la bouche d'une autre personne, d'un livre, des paroles d'une chanson, ou même lors d'un rêve.

Est-ce à dire que, dans le cas d'une relation amoureuse, par exemple, vous adressez une demande pour que l'amour se pointe dans votre vie et puis, hop! la personne apparaît le lendemain parce que vous êtes dans votre cœur? Eh bien ! oui et non. Le facteur temps entrera toujours en relation avec d'autres facteurs, notamment l'étape à laquelle vous en êtes rendu dans votre voyage. Si vous devez vivre une ou plusieurs expériences qui feront en sorte que vous serez mieux préparé pour accueillir l'amour de votre vie, il en sera ainsi. Je me souviens, lors d'une période d'animation qui suivait la projection d'un film, du témoignage de cet homme qui avait demandé à l'Univers de rencontrer le grand amour de sa vie, et que l'Univers avait accédé à sa demande… trente ans plus tard ! Comme le dit bien l'expression, « il ne sert à rien de brûler les étapes ».

Il y a cette autre expression affirmant que « tout vient à point à qui sait attendre ». Il est vrai effectivement, comme en fait foi le témoignage précédent, que les choses doivent se mettre en place pour que se réalisent vos désirs et vos rêves. Alors, je dirai : « Tout vient à point à qui sait rêver. » Formulez vos désirs et vos rêves en étant dans le cœur, puis laissez-vous guider. La Vie mettra sur votre route les bonnes personnes et les bonnes situations en temps opportun, et observez alors à quel point ce « en temps opportun » s'exécute rapidement.

La question n'est pas d'aller vite – je ne parle pas ici de courir –, mais de faire arriver ce que l'on désire maintenant. Si vous commandez un stationnement pour garer votre voiture, vous le voulez tout de suite, pas demain. Ce n'est pas un hasard que j'aie sous-titré ce livre « Le bonheur à votre portée, *maintenant* ». J'affirme ici que c'est ma plus grande découverte, à savoir que les étapes de guérison de n'importe quelle situation difficile se dérouleront à une vitesse drôlement plus rapide en passant par le cœur. Je ne parle pas en théorie, je l'ai fait. Vous et moi sommes créés de la même fibre et dotés du même potentiel. Alors, je vous le garantis : si je l'ai fait, vous pouvez faire de même.

Oui, vous avez le pouvoir de faire arriver les choses en ralentissant ou en étirant le temps. Ce pouvoir est entre vos mains, ou plutôt dans votre esprit (pensée) et dans votre cœur. Mais jusqu'où ce pouvoir peut-il se manifester ? Quelles en sont les possibilités ? On dit que la pensée crée et j'ai eu l'occasion de le vérifier à plusieurs reprises. En fait, tout notre être a le pouvoir de créer. On peut en effet faire arriver les choses tant par la pensée (esprit), que par le cœur (âme) et par le corps. Et, en utilisant les trois en même temps, notre pouvoir est décuplé.

Lorsque j'ai décidé de « faire virer le vent de bord » au moment où j'avais tout perdu : debout, j'ai fait un pivot de 180 degrés (corps), en faisant une déclaration à haute voix (corps), en visualisant le résultat (esprit) et en me sentant (cœur) rempli d'amour et libéré de ce que je vivais de difficile à ce moment-là. En me servant des trois parties de mon être, j'ai influencé le cours des choses pour opérer un changement… et quel changement ! Autant ma vie avait basculé dans un sens (pas très agréable), autant je l'ai fait basculer dans l'autre sens et ce, en très peu de temps.

Les institutions

À partir du moment où nous sommes conscients du pouvoir qui nous habite, nous ne voyons plus le monde de la même manière et les institutions en prennent un coup. Entendons-nous, les institutions demeureront dans leur forme actuelle tant qu'une majorité de personnes n'auront pas rapatrié leur pouvoir. Mais le processus est déjà enclenché, à commencer par notre détachement envers les institutions religieuses. Celles-ci ont déjà eu énormément de pouvoir. Il fut un temps, encore pas très lointain, où ce pouvoir était l'égal de celui de la politique. Ecclésiastiques et gouvernants marchaient main dans la main. Souvenez-vous de l'Inquisition et de l'époque où l'on brûlait des sorcières. Plus près de nous, au Québec, l'Église décidait quand il fallait faire des enfants et nous dictait ses règles en matière de sexualité. Comment des hommes – car il ne s'agissait que d'hommes – ayant fait le vœu de chasteté et de célibat pouvaient-ils s'immiscer ainsi dans l'intimité d'un couple ? La sexualité est exaltante et, je peux maintenant l'affirmer, se « marie » très bien à la vie spirituelle.

Les gens ont compris un jour que les règles édictées par l'Église contrevenaient à des règles de base que l'être humain connaît intuitivement. Jeune, je ne pouvais croire à ces sornettes d'un jugement dernier, d'un enfer, d'un purgatoire et tout le tralala. Au début, j'avais une peur bleue de tout ça. Puis, petit à petit, comme un ensemble de gens, j'ai pris mes distances et je m'en suis finalement détaché complètement… pour mon plus grand bonheur. J'ai rapatrié mon pouvoir en regard de la religion.

Pensez-vous que la Bible et autres écrits du genre ont été rédigés par une intelligence suprême ? Jamais de la vie ! Lorsque ces livres parlent d'amour, de miséricorde, de pardon, de bienveillance et de don de soi, ils parlent le langage du cœur, celui de l'Amour universel. Mais quand ces mêmes livres parlent de jugement, de punition et de damnation, dites-vous bien que c'est le discours d'êtres humains qui ne cherchaient qu'à obtenir du pouvoir sur d'autres êtres humains, discours qu'ils ont incorporé et juxtaposé à des paroles d'amour pour que cela passe mieux.

Même le Notre Père est truffé de paroles édictées par des manipulateurs, à commencer par les premiers mots : « Notre Père qui es aux Cieux... » Comment peut-on être séparé du Père ? Intuitivement, dans notre cœur, nous savons que nous ne faisons qu'un. Mettre le Père sur un piédestal et nous (indignes ?!) plus bas, c'est nier la véritable nature divine et universelle de la femme et de l'homme. La suite est encore pire : « Que ta volonté soit faite... » On a le libre arbitre, mais on n'a pas la volonté, on la remet entre les mains de celui qui nous a créés. Trouvez l'erreur !

La plus grande manifestation du pouvoir d'un petit nombre d'individus sur une population est sans contredit l'argent. Une poignée de personnes issues de grandes familles riches contrôlent le monde. On l'appelle « Le groupe des treize » ou encore « Le gouvernement mondial ». Ces gens décident des grandes politiques mondiales et contrôlent les politiciens comme des marionnettes. Ils ont main mise sur la Réserve fédérale américaine et sur la Banque fédérale du Canada – ces institutions sont privées, contrairement à la croyance populaire – en décidant notamment des taux d'intérêt. Alors, qu'arrive-t-il d'après vous si, par un exemple pris tout à fait au hasard, les familles en question ont des intérêts dans des compagnies qui fabriquent des bombes ? Beau temps pour faire sauter un dictateur, alors on appelle un politicien haut placé et on envahit un pays. Cela fait rouler l'économie et le peuple ne dit rien parce que, s'il rapatrie son pouvoir, il y perdra au change et se retrouvera sans emploi. Au nom de l'emploi, on tue et on pollue allègrement la planète ; pour maintenir un équilibre dans les prix, on jette de la nourriture dans l'océan. Mais qu'en sera-t-il de nos emplois quand l'air sera irrespirable et l'eau imbuvable ? Heureusement, là encore, on assiste à un rapatriement graduel du pouvoir de l'argent par l'individu ; cela se manifeste à différents niveaux, le marketing relationnel constituant le fer de lance du nouveau commerce. Plutôt que de bénéficier à quelques personnes, la richesse est répartie entre tous ses membres.

Au moment d'écrire ces lignes – nous sommes à l'automne 2008 –, les gouvernements des États-Unis et de certains pays d'Europe viennent au secours de banques en difficulté en y injectant plusieurs milliards de dollars et d'euros. Celles-ci, après avoir grassement payé leurs dirigeants, ont vu fondre leurs avoirs. Que s'est-il passé ? Assez simple. Elles ont prêté de l'argent qu'elles n'avaient pas. Que des chiffres sur des bouts de papier, de l'argent virtuel, quoi ! Auparavant, l'argent était produit à partir des réserves d'or. Pas nécessairement le meilleur système, mais ça fonctionnait, car il y avait une référence. Mais l'appât du gain des actionnaires a fait en sorte que ce système soit remplacé… par une absence de système. Les banques ont prêté sans vraiment vérifier la capacité réelle de payer du consommateur. Et arriva ce qui devait arriver : en même temps, plusieurs personnes, étouffées par les dettes, cela combiné à une récession économique, n'étaient plus en mesure de rembourser leurs prêts. On a donc utilisé les impôts de la population pour venir au secours des banques. Tout à coup, les gens sont invités à voir clair. Les banques n'ont jamais voulu leur bien, elles voulaient leurs biens ! À quand une vraie banque du peuple ? Il m'a été donné de connaître récemment un système des plus intéressants pour acquérir une propriété sans avoir recours aux banques. Et ce n'est qu'un début…

Que dire des gouvernements ? Il est illusoire de penser que les gens qui nous dirigent veulent aussi notre bien. Ils veulent d'abord et avant tout le pouvoir. Après tout, ne dit-on pas qu'un parti est au « pouvoir » ? Ensuite, pour bien contrôler la population, ils prennent notre argent. Au Québec, 72 % de nos gains sont retournés aux gouvernements en impôts, taxes et permis de toutes sortes. Donc, à chaque dollar que vous gagnez, vous donnez 72 cents à vos bons gouvernements. Toujours pour nous contrôler et non pour nous protéger, ils édictent des lois. En Amérique du Nord, il y a 66 millions de lois différentes et… « nul n'est censé ignorer la loi ». Des humains qui contrôlent d'autres humains et qui n'hésitent pas à abuser de leur pouvoir à la moindre anicroche. Nous élisons des gens pour nous représenter, mais auprès de qui ? Et nous protéger, mais de quoi au juste ? Une expression populaire dit que nous nous donnons les politiciens que nous méritons. Je crois plutôt que, faute de reconnaître notre propre pouvoir, nous le laissons entre les mains des institutions qui s'en servent pour assouvir cette fameuse soif de pouvoir. Auparavant, on concluait une entente avec une poignée de main et la parole faisait foi de contrat. Aujourd'hui, on doit avoir recours à des hommes de loi pour rédiger les termes du moindre contrat et cela semble incontournable.

Je ne suis pas un spécialiste des institutions. D'autres le sont et m'ont aidé à y voir clair. Je n'ai donc pas la prétention ici de révéler les tenants et aboutissants de chacune de ces sphères de pouvoir. L'idée d'en brosser un court portrait comme celui-ci est simplement d'illustrer que, dès notre enfance, on usurpe notre pouvoir. On ne nous montre pas à utiliser les ressources qui sont en nous, alors qu'elles sont illimitées. Oui, nous pouvons changer le cours des choses. Des individus l'ont fait, des peuples l'ont fait. Soyons maîtres de notre destinée intérieure et nous serons maîtres de notre destinée en tant que peuples et en tant qu'humains. Il y a un temps pour utiliser la douceur, il y a un temps pour utiliser la fermeté. Face aux institutions, soyons fermes. Nous en sommes rendus là dans notre cheminement en tant que terriens.

Ma confiance en l'être humain est immense. Avec l'élévation de la conscience, processus qui est déjà enclenché, palpable et irréversible, il rapatriera son pouvoir des mains de l'ensemble des institutions, tout comme il l'a fait au début avec les institutions religieuses. Cependant, ce changement de cap commence par l'individu, par vous. Reconnaissez que vous êtes fille ou fils de l'Univers, sachez qu'il est possible de créer une nouvelle réalité, faites la paix avec vous-même et le monde sera en paix, aimez-vous et « aimez-vous les uns les autres », puis répétez après moi : « JE SUIS LE POUVOIR. »

À partir de là, vous saurez que vous cesserez de dépendre des autres pour agir. Vous prendrez votre vie en main et serez le seul maître à bord de votre navire. Abandonnez toute notion de contrôle, car cela vient de l'esprit. La maîtrise a bien meilleur goût et procure un sentiment d'immense bien-être, car elle vient du cœur.

Sachez que vous êtes un être merveilleux tel que vous êtes et tel que vous serez ; sentez l'amour qui coule en vous.

Admirez votre âme en vous regardant dans le miroir, car ne dit-on pas que les yeux sont le miroir de l'âme ? Voyez l'ange qui est en vous et voyez un ange dans chaque personne que vous rencontrez. Voyez la beauté de la création dans un trèfle. Remerciez la Vie de tant de beauté et d'abondance. Prenez conscience de chaque pensée, chaque parole et chaque geste qui émanent de votre être de lumière et voyez que ce sont des pensées, des paroles et des gestes d'amour. Soyez dans votre cœur à chaque instant de votre vie et observez ce que vous créez. Car le vrai pouvoir est amour et, si vous avez le pouvoir de vous guérir, d'influencer la météo et le temps, vous avez au premier chef le pouvoir de vous rendre heureux ; rapatriez ce pouvoir dès maintenant.

Prenez rendez-vous avec l'intimité de votre être, contactez votre Moi supérieur, soyez pur esprit et utilisez votre cœur. Votre vie changera du tout au tout.

ONZE

Voyagez, de grâce, voyagez

TOUT EST MOUVEMENT. De l'infiniment petit à l'infiniment grand, de l'atome aux planètes, l'Univers entier est en mouvement. Il y a de la vie dans tout, même dans ce caillou qui semble inerte. En fait, il vibre simplement à une vitesse différente. Et comme le mouvement de la Vie est comparable à un voyage, alors… levez les voiles ! Le propre d'un navire n'est-il pas de voyager ? Il n'a pas été conçu pour jeter l'ancre à perpétuité, n'est-ce pas ? Car voilà ce qui fera de vous un être meilleur, soit le fait de vivre des expériences et celles-ci ne peuvent survenir en étant perpétuellement amarré. Agissez en accord avec le mouvement de l'Univers et votre vie sera des plus merveilleuses. Puis, observez comment tout se met en place lorsqu'on est à la bonne place.

Certains diront : « Oui, c'est bien beau, mais je connais un tas de gens qui vivent toutes sortes d'expériences et pas toujours des plus heureuses. » D'accord, mais remarquez comment le « mouvement de l'Univers » est harmonie. Il a été créé dans un geste d'amour et il décrit des mouvements circulaires ou elliptiques. Le cercle est la forme parfaite, car le mouvement engendré pour le former est totale harmonie. Ne dit-on pas, lorsqu'une chose est terminée, que ce soit un travail, une relation ou une aventure, que « la boucle est bouclée » ? Lorsque vous vivez une étape de votre voyage, épousez ce mouvement, soyez dans le cœur, accueillez dans l'amour tout ce qui se produit et vous éprouverez du bonheur, quelles que soient vos expériences.

Changer de cap

Il y a des étapes dans notre voyage qui sont des tournants. Si nous changeons notre destination, il importe de consulter notre carte pour visualiser le chemin à parcourir. Il m'est arrivé à quatre reprises, dans ma vie professionnelle, de changer de cap. Chaque fois, des gens me disaient que ça prenait du courage, car je laissais tout tomber, à commencer par la sécurité. Mais je ne le voyais pas ainsi. Et je leur posais la question suivante : « Si vous arrivez dans un cul-de-sac, est-ce que cela prend du courage pour revenir sur vos pas et prendre la route qui vous mènera à votre destination ? » Non. La notion de courage est inappropriée. Je faisais simplement un constat, à savoir que mon occupation professionnelle ne me nourrissait plus. J'ai été honnête envers moi-même en changeant de trajectoire et, chaque fois, c'était pour le mieux. J'avais une décision à prendre et je me suis écouté. Il ne servait à rien de demeurer là, sinon je serais mort à petit feu.

Si votre vie ne va nulle part, si la route que vous empruntez ne vous mène pas à la destination souhaitée, donnez un coup de barre, changez de cap. Ce sera inévitablement pour le mieux. Un conseil toutefois : ne modifiez pas constamment votre direction, sinon vous n'arriverez jamais à destination. Lorsqu'on prend une décision, il importe d'aller jusqu'au bout. Et si vous arrivez dans un cul-de-sac, changez tout simplement de route. Rien ne se produit inutilement dans la vie et cette expérience aura été pertinente en regard de la prochaine étape de votre voyage ; c'est à ce moment qu'elle prendra tout son sens.

Pour produire un changement, on doit poser un geste. Ce faisant, on envoie un message clair à l'Univers. Après l'épisode de la faillite, je devais me trouver du travail. Or, un poste à la direction générale d'un organisme culturel majeur de Québec se libéra. Deux personnes insistaient pour que je postule. Je savais que je n'avais aucune chance d'obtenir cet emploi. Sauf que, connaissant le principe (poser un geste), j'acheminai mon curriculum vitae. Je n'ai pas obtenu l'emploi, mais, peu de temps après, on m'offrit un poste à la direction des communications d'un organisme que j'affectionnais particulièrement.

> Tout ce qui est en haut est comme ce qui est en bas,
> et tout ce qui est en bas est comme ce qui est en haut.

En imprimant un geste dans le monde physique, je semais une graine qui ne demandait qu'à germer dans un monde plus subtil. Souvenez-vous : il est vrai que la pensée crée, mais le corps également. La beauté de la chose est qu'on peut utiliser l'un ou l'autre ou les deux à la fois. Il n'y a pas de règle absolue et c'est merveilleux ainsi.

Voici un autre principe métaphysique que j'appliquais lorsque j'étais entrepreneur : tout ce qui disparaît est remplacé par mieux. Par exemple, il arrivait qu'un contrat m'échappe ou que j'en refusais un pour différentes raisons et, inévitablement, il était remplacé par mieux. Je débutais comme gestionnaire d'événements et j'avais mis sur pied, avec une amie, un petit festival. Ce fut mon tout premier contrat. Cependant, le financement s'avérait difficile et peu lucratif pour quelqu'un qui démarrait en affaires. Dès la mise en branle de la seconde édition, je me suis dit que, si je continuais à m'occuper de l'événement, je courrais à la faillite dans la même année. Je me retirai. Quelque temps après, j'obtenais un contrat fort passionnant, qui consistait à inaugurer une centrale hydroélectrique. Et ce fut le début d'une série de mandats tous plus intéressants les uns que les autres. L'espace ainsi créé par un choix conscient, jumelé à la foi (savoir), ne demande qu'à être rempli par quelque chose d'extraordinaire. Et ça marche à tout coup !

Remarquez à quel point chaque expérience conduit à l'expérience suivante et devient, en ce sens, une étape essentielle de votre voyage. Rien n'est inutile. Dans une carrière, chaque poste que vous occupez prépare le terrain pour le suivant. Il en va de même en ce qui concerne la vie amoureuse. Par exemple, à la suite d'une séparation, vous vous inscrivez à un réseau de rencontres sur Internet et vous faites la connaissance d'une personne, puis d'une autre et encore une autre jusqu'à ce que… Il suffit de connaître ce principe, à savoir que tout ce qui disparaît est remplacé par mieux, et de faire confiance (toujours la foi) à la Vie et l'amour ne demande qu'à se manifester.

Je connais justement deux femmes qui s'étaient inscrites à un réseau de rencontres. Les deux, qui sont devenues amies, ont cumulé quelques expériences avec des hommes et elles témoignent aujourd'hui qu'à chaque nouvelle relation, l'homme leur convenait davantage et qu'elles ont finalement connu le grand amour après quelques mois. L'aspect particulier de cette histoire vient du fait qu'elles étaient considérées par d'autres femmes du réseau comme des « courailleuses ». En ce qui me concerne, je fais la lecture suivante : ces femmes, plutôt que de mettre toutes sortes de barrières sur leur route, du genre : « Les hommes sont comme ci, les hommes sont comme ça, les hommes sont tous des…, on ne rencontre que des… sur Internet, de toute façon les hommes qui ont de l'allure sont tous pris… », ces femmes donc ont mis en mouvement une roue dans une attitude d'ouverture et de confiance. La partie triste de l'histoire est que les autres femmes sont toujours célibataires. Ce n'est donc pas en demeurant amarré au port que vous réaliserez vos rêves.

Vous est-il déjà arrivé, par une belle journée d'été, de faire une excursion dans la nature en sautant d'un rocher à l'autre sur une rivière merveilleuse ? Ce n'est assurément pas comme marcher sur un trottoir en ville. Chaque pas est différent, car vous posez votre pied sur une roche différente chaque fois et, chemin faisant, le paysage change constamment. Et n'avez-vous pas, dans ce genre de randonnée, l'envie de voir ce qu'il y a de l'autre côté du prochain tournant de la rivière ? Vous faites alors un kilomètre de plus[5] pour satisfaire cette curiosité et vous découvrez encore de fabuleux paysages. Il en va ainsi dans le voyage de votre vie : lorsque celle-ci vous amène une expérience, vous avez dès lors un défi à relever, sachant qu'un superbe cadeau vous attend. Alors, ne vous arrêtez pas en vous laissant abattre s'il s'agit d'une expérience difficile, faites un kilomètre de plus. La solution est là, qui vous attend. Sachez que le dénouement s'y trouve et laissez-vous emporter par la beauté de ce que vous allez découvrir. L'eau pure se trouve dans cette rivière qui coule en cascades et non pas dans l'étang aux eaux stagnantes.

Voyagez, de grâce, voyagez…

---

5. Référence : Og Mandigo, *Le plus grand miracle du monde (Le mémorandum de Dieu)*.

Le moment présent

Il y a plusieurs écrits sur le thème du moment présent et j'adhère à ce principe, à l'effet que vivre « ici maintenant » représente la plus belle forme d'amour. Selon moi cependant, nous devons savoir d'où l'on vient, où l'on est et où l'on va. Tout en étant dans le moment présent, on doit avoir un œil sur le passé – sans toutefois le traîner – et un œil sur le futur. Dans notre voyage, on doit se fixer une destination, se préparer en conséquence, puis partir. Au moment où nous vivons nos expériences, il importe néanmoins de les vivre consciemment, être entièrement et pleinement là, dans le moment présent.

Nous avons la fâcheuse tendance à regarder le chemin à parcourir, sans jamais s'arrêter pour prendre conscience du chemin que l'on a parcouru (passé – présent – futur). Si vous escaladez une montagne, n'est-il pas agréable de faire une halte et de regarder le chemin que vous avez franchi, les obstacles que vous avez surmontés, puis de vous féliciter d'avoir accompli ces exploits ? S'accorder un temps d'arrêt dans la vie est essentiel. Il y a un temps pour lever les voiles, il y a un temps pour jeter l'ancre. Prendre du recul pour bien se situer dans l'espace-temps vous permet de faire le point pour mieux repartir.

Lorsque j'étais entrepreneur, je profitais de mes vacances estivales, bien sûr, pour me reposer, mais également pour mieux voir où j'en étais. Une année, pendant des vacances en Ontario, je voyais constamment des faucons dans le ciel. Ce signe, pour moi, était clair comme de l'eau de roche : je n'allais nulle part à ce moment, je m'enfonçais dans des méandres non désirés et non planifiés. La Vie me disait : « Stop bonhomme, arrête-toi, prends du recul et tu pourras repartir sur de nouvelles bases. » Ce sont dans les moments de non-écriture que la majorité des idées véhiculées dans ce livre sont survenues. Le chercheur qui fait une découverte « accidentelle » n'est pas en train de chercher quand cela arrive. Et voilà qu'il trouve !

Bien que le propre d'un bateau soit de naviguer, son capitaine doit le faire accoster pour livrer sa marchandise, amener ses passagers à bon port ou assurer l'entretien du bâtiment. Il ne peut voguer tout le temps, sinon le voyage n'est pas un voyage. Prendre un temps d'arrêt respecte le mouvement de polarité de la Vie, le va et vient des vagues. Il y a le jour et la nuit, l'activité et le repos, le yin et le yang. Mais voilà, prenez-vous le temps d'arrêter ? Quand avez-vous pris rendez-vous avec vous la dernière fois ?

Le manque de temps des gens représente le dénominateur commun majeur de notre époque. Et cela commence dès le plus jeune âge. Les enfants ont des occupations dignes des grands. En plus d'aller à l'école, ils doivent faire des devoirs dès le retour à la maison. On leur inculque très tôt la notion de travail sans respecter leur besoin inhérent de jouer ; on en fait des adultes avant le temps. On tue leur imagination en développant leur mental dès la maternelle et ils deviennent vite conditionnés à cette façon de faire, croyant dorénavant que c'est la seule. Et pour qu'il n'y ait pas de « temps mort », les parents les occupent constamment. Ils les inscrivent à toutes sortes d'activités, comme le sport ou les arts, qui sont merveilleuses en elles-mêmes. Mais si les enfants n'ont plus le temps de jouer librement, leur temps d'arrêt se trouve compromis et il s'installe dès lors un déséquilibre.

Un parent avait emmené son jeune garçon en consultation à cause de troubles de comportement. La thérapeute lui demanda simplement pourquoi il agissait ainsi. La réponse fut immédiate : « Je n'aime pas me faire garder par ma sœur. » La thérapeute investigua davantage pour comprendre que, derrière cette boutade, se cachait un manque. En réalité, parce qu'elle revenait tard du travail, la mère faisait garder son jeune garçon par l'aînée et ce dernier n'avait pas le « loisir » de s'amuser avec ses amis après être rentré de l'école. Question de sécurité ! Entre l'école et les devoirs, les devoirs et les activités planifiées, y aurait-il moyen que nos enfants aient le temps de jouer à leur goût ? Les enfants sont naturellement dans le moment présent et c'est principalement par le jeu qu'ils y arrivent. Alors, rendons-les à leur nature véritable, laissons leur cœur s'exprimer. La thérapeute suggéra à la mère de revoir sa façon de faire et le problème fut réglé en moins de deux.

Chez les adultes, incluant un grand nombre de personnes retraitées, le manque de temps est fascinant. La vie trépidante constitue la marque de commerce la plus en vogue. Cependant, il n'y a pas d'amour dans la vitesse. Faites-vous l'amour à une vitesse supersonique ? Et si vous allez souper dans un grand restaurant, allez-vous avaler votre plat en quelques secondes ? Quand vous faites un voyage d'agrément, appuyez-vous à fond sur l'accélérateur ? Pour bien goûter, on se doit de prendre le temps. Pour se tourner vers les choses du cœur, pour vivre une vie intérieure riche, on doit prendre rendez-vous avec soi en déclarant des temps d'arrêt.

Ce précepte vaut aussi pour d'autres facettes de la vie. J'ai déjà suivi une formation sur les finances personnelles et la formatrice répétait constamment : « Travaillez moins, travaillez mieux ; occupez-vous de vos affaires. Alors, le vendredi, c'est la journée du volet affaires personnelles. »

J'ai un ami qui, au mitan de sa vie, a vu sa santé péricliter. Il faisait des crises d'angine et se demandait bien pourquoi. Ses semaines étaient occupées du matin au soir par ses activités professionnelles et ses fins de semaine, par des formations. Après la énième crise d'angine, je l'invitai à s'inscrire à ma mini-formation « Flânage 101 » ! Cela consiste essentiellement à ne rien faire, flâner. Quoi de plus agréable, en effet, que d'élaborer une liste de choses à faire sur la maison le samedi, puis de tout laisser en plan et faire une promenade dans la nature, aller au cinéma avec son amour ou visiter des amis et rire ? Pourquoi faire aujourd'hui ce que l'on peut remettre à demain ? Mon ami ne fait plus de crises d'angine…

Alors, de grâce, arrêtez avant que la Vie ne vous arrête ! Stoppez ce tourbillon incessant. Prenez rendez-vous avec vous. Faites des choix. Si vous prétendez ne pas avoir de temps pour vous occuper de vous et de vos affaires personnelles, c'est un choix que vous faites, car la vie est constituée de choix constants. À chaque minute, à chaque instant, vous faites un choix. Vous aviez choisi ces occupations qui vous prennent tout votre temps ; alors, changez-les, il n'est jamais trop tard. Si vous croyez que c'est impossible… alors, ce sera impossible !

Sentir l'énergie

L'énergie est à la base du mouvement. En produisant de la vapeur, le train avance. Ce n'est certes pas là une grande révélation, mais je vous invite maintenant à sentir l'énergie qui circule autour de vous et en vous, et non seulement à en voir la manifestation.

Comment on fait ? Observez. Observez simplement ce qui se passe. Ou il s'agit d'une situation que vous avez créée, ou la Vie vous envoie un signal pour signifier quelque chose d'important.

On a tous vécu une situation où, par exemple, on entre dans un lieu et on perçoit les vibrations. Sans trop savoir pourquoi, on se sent bien ou on se sent mal. Il est évident qu'un temple et un repaire de brigands ne dégagent pas la même énergie, ils ne vibrent pas à la même fréquence. Un phénomène semblable se produit avec les individus. Devant une telle personne, on devient mal à l'aise, alors qu'en compagnie d'une telle autre, on a le cœur qui chante. Lorsqu'on aime une personne et qu'on lui envoie de l'amour, elle le sent. Notre être tout entier est fait de capteurs, car chaque cellule en est pourvue, et nous recevons chaque jour de multiples sensations qui sont autant d'informations. Il s'agit à ce moment de décoder ces messages et c'est en étant dans le cœur qu'on peut y parvenir.

Il arrive même que, sans raison apparente, on devienne tout d'un coup maussade. On ne se sent pas bien et on a beau chercher, rien ne nous indique ce qui a pu générer un tel état chez soi. Puis, votre sœur appelle et vous dit que ça ne va pas. Vous l'écoutez, vous vous déplacez peut-être pour l'aider et, par la suite, vous vous sentez bien. Vous aviez capté son énergie. Quand une telle situation arrive, il s'agit de ne pas paniquer et, la main gauche sur le cœur, de demander simplement à l'Univers de vous apporter la réponse. Puis de laisser aller en vivant le moment présent.

De la même façon, on sait quand une chose doit être initiée ou quand une chose est terminée, qu'il s'agisse d'une relation, d'un emploi ou de toute autre circonstance de la vie. Quand il est temps qu'un enfant quitte le foyer familial, on le sait. Tout se met en place pour que ces situations se dénouent, il suffit d'aller dans le sens du courant. Alors, quand la vie va à contre-courant, posez-vous la question : pourquoi ?

Quelquefois, ça accroche au sens physique du terme. Il m'est arrivé, dans le cadre d'un emploi, de déchirer deux chemises sur la barre métallique d'un petit frigo. J'échappais mes crayons, mon café, j'allais même jusqu'à m'« enfarger dans les fleurs du tapis » ! Bref, tout allait de travers. Je dégageais donc une énergie du genre « c'est terminé pour toi ce boulot, mon coco », mais je persistais pour assurer ma sécurité financière. L'énergie me revenait sous une forme on ne peut plus claire.

D'autres fois, on passe une journée de m… Je me souviens très bien de l'une d'elles. Je n'ai jamais rien vécu de semblable. Le matin, je laissai ma voiture au garage pour un changement d'huile. En la récupérant après le travail, la facture s'élevait à 350 $! C'était l'entretien « régulier » du printemps. Pendant la journée, tout allait de travers au boulot. Mon adjointe était dans une énergie de m…, je n'obtenais que des réponses négatives à mes demandes de financement et nos voisins de bureau trouvaient qu'on déplaçait trop d'air. Cet été-là, j'avais loué un chalet sur la Rive-Sud de Québec et je quittai le bureau en ayant hâte d'arriver dans mon coin de paradis. Les deux ponts enjambant le fleuve Saint-Laurent étaient complètement bouchonnés. Je réussis à prendre une sortie pour casser la croûte dans un restaurant jusqu'à ce que le trafic devienne fluide, et j'ai dû attendre 45 minutes avant de me faire servir. Finalement, je pris la route et, en arrivant au chalet, je trouvai le moyen de reculer ma voiture dans le bac de récupération. Je m'esclaffai tellement la situation frisait le ridicule. Puis, en m'emplissant les poumons de l'énergie de la nature, je pris une bière et me berçai sur le balcon en regardant le fleuve pendant le reste de la soirée, heureux. La magie avait opéré, grâce à mon lâcher-prise et à l'énergie calmante de la nature.

Habituez-vous à sentir l'énergie. Si vous passez une entrevue pour un emploi, on vous posera des questions, c'est certain. Mais de votre côté, vous ne pouvez peut-être pas en faire autant. Vous pouvez cependant humer l'air ambiant. Allez-vous être heureux parmi ces gens et est-ce que votre éventuel lieu de travail vous inspire ? Que dégagent l'un et l'autre en termes d'énergie ? Que ressentez-vous ? On passe le tiers de son temps au travail, alors aussi bien y être heureux. Remarquez que vous avez le pouvoir de changer cette énergie. Il suffit qu'un boute-en-train entre dans une pièce où l'atmosphère est lourde pour que, soudain, elle change du tout au tout. Vous pouvez donc apporter votre joie de vivre, votre lumière, et l'insuffler dans un tel endroit. C'est légal, c'est facile, ça ne coûte rien et ça rend tout le monde heureux. Après tout, il suffit d'une simple chandelle pour qu'une pièce entière s'illumine.

L'énergie est transférable. Il y a quelques années, mes collègues de bureau décidèrent de célébrer mon anniversaire de naissance en allant jouer aux quilles après le travail. Quelle merveilleuse idée ! Sauf que, en ce qui me concerne, je pratique ce sport une fois tous les dix ans. De tous les joueurs, j'étais le pire. Les boules avaient une attirance particulière pour les dalots. Puis, au cours de la soirée, des joueurs professionnels s'amenèrent et commencèrent à lancer leurs boules dans les allées adjacentes. Ils enfilaient les abats avec une facilité déconcertante. Je les observais et je remarquais leurs motions, leurs gestes, mais surtout, je sentais leur énergie. C'est comme s'ils savaient qu'ils allaient faire mouche. Je me branchai sur eux, me centrai, m'inspirai de leur énergie et, dans la partie suivante, j'obtins le meilleur score de tout notre groupe. Vous avez sûrement entendu parler de « faire comme si... » Eh bien ! c'est ça !

L'énergie est transférable, oui, mais dans les deux sens. Je suis un être hypersensible et j'ai toujours eu de la difficulté avec les décharges d'agressivité. Je sais que c'est le cas d'une majorité de personnes. Que faire ? Se protéger. Voici un truc.

Devant une personne que je connais et qui a une énergie de basses vibrations, ou qui est susceptible de m'envoyer une décharge d'agressivité, je mets un bouclier imaginaire fait de plexiglas. J'active consciemment le bouclier en sa présence et lui demande de me protéger. Et ça marche ! Par contre, si je ne m'attends pas à recevoir une telle décharge, je me retrouve sans bouclier. L'agressivité me rentre directement dans le plexus solaire, comme un coup de poing.

Comment on fait?

Pour extraire de soi une émotion d'agressivité provenant d'une autre source

---

– Je ferme les yeux et je mets la main gauche sur mon cœur.

– Je prends trois bonnes respirations conscientes et je me détends.

– Je prends conscience que cette émotion m'a été transmise par une autre personne.

– Je fais la déclaration suivante : « Je rends à cette personne ce qui lui appartient. »

– Avec ma main, je prends l'émotion qui se trouve au niveau de mon plexus et je la projette vers le ciel.

   L'émotion ainsi projetée va se dissoudre dans l'espace. Si vous êtes entouré d'autres personnes et que vous ressentez de la gêne à faire ce geste, faites-le en pensée. Le résultat sera le même.

– Je remercie la Vie de ce que mon vœu est déjà réalisé et je me sens libéré.

Une autre façon de prévenir et de réparer est d'utiliser l'eau. La puissance des éléments naturels est immense. Prenez une douche consciente ! Visualisez l'eau qui agit comme un bouclier permanent pour vous protéger ou utilisez l'eau pour enlever toute émotion provenant de l'extérieur. Vous pouvez faire de même pour éliminer les toxines de votre corps ou les pensées de basses vibrations de votre esprit. Visualisez ces toxines ou ces pensées s'évacuant avec l'eau de la douche (l'eau est sûrement noire). Puis voyez de multiples gouttelettes argentées pénétrer par votre crâne et se répandre dans chaque cellule de votre corps. Une fois sorti de la douche, observez comment vous vous sentez. C'est merveilleux ! Je vous invite maintenant à créer votre propre exercice « Comment on fait ? ».

Le transfert d'énergie s'applique également aux objets. Par exemple, on peut éprouver de la nostalgie vis-à-vis d'un objet qui appartenait à un être cher, vivant ou disparu. En ce qui me concerne, je possède plusieurs objets et meubles datant de relations antérieures. Si je choisis de ressentir de la nostalgie en me remémorant certains événements qui ont un lien avec ceux-ci, alors il en sera ainsi. L'objet deviendra investi de cette énergie, car la conscience est partout, même dans la matière. Nous sommes faits de la même matière. Cependant, on a le pouvoir de modifier cette énergie de nostalgie et de faire ainsi une coupure avec son passé.

Le travail avec l'énergie est extraordinaire. De plus en plus de thérapeutes l'utilisent pour aider des gens. Cela crée d'ailleurs un fossé entre eux et les scientifiques purs et durs. J'ai la chance de côtoyer les deux écoles de pensée et je peux affirmer que le clivage s'accentue, les deux s'éloignent. C'est dommage, car le résultat est là. Quand je vois un radiesthésiste passer la main sur le corps éthérique d'une personne, sentir son énergie et lui parler de son passé et de ce qui a pu causer son état dysfonctionnel, je suis ébahi. Ou encore, cette autre thérapeute qui travaille avec l'énergie et qui décrit parfaitement la personne en face d'elle sans que cette dernière lui ait seulement adressé la parole. Ces thérapeutes guérissent les blessures ayant causé la maladie et celle-ci s'estompe comme par magie. Que de l'énergie ! Je suis intimement persuadé que la médecine du futur sera faite d'énergie pure.

Actuellement, mon émission de télévision préférée est *César, l'homme qui parle aux chiens*. Je trouve cet homme extraordinaire et fascinant. Il se plaît à dire, en début d'émission, qu'il rééduque les chiens et dresse les humains. En fait, il apprend à ces derniers à réaliser à quel point les chiens sentent leur énergie. Car, la plupart du temps, le problème vient tout simplement de là. Si le maître manque d'assurance, par exemple, il s'ensuit un déséquilibre chez l'animal ; il le sent et deviendra excité et même agressif. César corrige généralement le problème en très peu de temps en faisant prendre conscience aux maîtres de l'énergie qu'ils dégagent. Il arrive qu'il doive amener un chien perturbé à son centre de psychologie canine afin qu'il côtoie sa meute, mais cela est plutôt rare et concerne un animal qui a vécu un traumatisme. Encore là, il utilise l'énergie, celle des autres chiens parfaitement équilibrés qui l'assistent dans son travail.

La question que je me pose est la suivante : comment se fait-il que les chiens sentent notre énergie alors que, nous, humains évolués et prétendus supérieurs, n'avons pas la capacité d'en faire autant ? Je crois simplement que nous avons oublié ce pouvoir qui nous habite tous, privilégiant le mental pour comprendre et régler les problèmes que nous rencontrons.

Vous vous demandez peut-être quel est le lien entre le thème de l'énergie et le thème central de ce livre, le bonheur. C'est simple : le bonheur est une forme d'énergie. Elle prend sa racine dans notre partie « être » et nous avons le pouvoir de la « faire » se manifester à tous les niveaux. La pensée est énergie, alors si vous pensez qu'il est impossible d'être heureux, il s'ensuit une série de réactions qui prendront différentes formes, peut-être pas toujours des plus agréables. À l'inverse, si vous croyez qu'il est possible d'être heureux, cette idée deviendra créatrice de bonheur, de pleine santé, d'amour et d'abondance.

L'énergie fonctionne par un principe de résonance. Par exemple, si vous faites vibrer un diapason et que vous en placez un autre tout près, ce dernier se mettra également à vibrer. Notre corps est énergie, car chacune de ses cellules est mouvement. Plus nous élevons nos vibrations, plus nous nous approchons de la Source première créatrice de l'Univers et plus notre bonheur sera intense. Expérimentez l'énergie, sentez l'énergie, soyez énergie. Si rien ne va dans votre vie, c'est avant tout l'énergie qu'il faut modifier, comme changer d'attitude, et non pas tenter de *faire* autre chose ou *d'avoir* des choses. Car vous n'êtes pas ce que vous faites et vous n'êtes pas ce que vous avez.

Aujourd'hui, vous avez une décision à prendre, un choix à faire. Donnez un coup de barre et changez de cap, maintenant. Prenez la destination du bonheur. C'est de loin ce qu'il y a de plus agréable.

ÊTRE heureux d'abord, disions-nous au début de ce livre.

Voyagez, de grâce, voyagez...

* DOUZE *

7 trucs
pour être intrinsèquement heureux

L E BONHEUR est donc un processus qui prend naissance à l'intérieur de notre *être* et rayonne vers l'extérieur. C'est pourquoi on dit avec justesse : « Je *suis* heureux. » Cela revient à dire que, pour être intrinsèquement heureux, on se doit d'initier un mouvement qui est en accord avec ce processus. Il s'agit, pour ce faire, de prendre contact avec des éléments fondamentaux de notre « être », que l'on transposera dans le « faire » afin d'« avoir » un tel résultat. Il y a plusieurs de ces éléments, mais en voici sept, qui me semblent parmi les plus importants.

Prendre contact avec sa partie « être » peut se faire n'importe quand. Il n'est pas nécessaire d'avoir enlevé toutes les pelures d'oignon (moments de douleurs) que l'on traîne depuis plusieurs années, ou encore d'être sorti de son océan de tempêtes pour y avoir accès. Au contraire, c'est dans ces moments difficiles que l'on a tout intérêt à faire cet exercice. De plus, avoir accès au bonheur est facile et gratuit, donc à la portée de tous.

Vivre dans le cœur

Je ne le répéterai jamais assez. Cet état est la prémisse à tous les bonheurs et celui qui les englobe tous. Est-il possible de toujours vivre dans le cœur ? Oui, sans aucun doute. À partir du moment où vous avez activé l'ouverture du cœur, il ne se refermera jamais plus. Même si vous vous en éloignez dans un moment difficile, centrez-vous, mettez la main gauche sur votre cœur et sentez l'amour. Cela ne prend que trois secondes et vous verrez la transformation s'opérer instantanément. Si par hasard cela ne fonctionne pas, enseignez-le ! Montrez à une personne qui vous est chère ou à quelqu'un qui en a besoin, comment il est bon d'être dans son cœur et observez comment vous vous sentez : c'est merveilleux. C'est comme si l'on transcende le temps et l'espace. En fait, il n'existe pas de mot pour décrire cet état totalement exquis.

Vivre libre

Il n'y a pas encore si longtemps, des gens appartenaient à des gens. Et c'est malheureusement toujours la réalité dans certaines parties du monde et, même, dans certains foyers de notre civilisation occidentale. Il n'y a rien de drôle à se retrouver en prison, quelle qu'elle soit. Sa propre prison intérieure est sans contredit la pire, celle que l'on se façonne sans souvent s'en apercevoir.

Alors, affranchissez-vous de ce qui vous retient enchaîné, à commencer par votre passé, les personnes et les institutions qui vous manipulent, les besoins et les structures que vous vous êtes créés. Être libre, c'est vivre détaché de tout, incluant la personne que vous aimez profondément. Aimer, c'est laisser à l'autre la chance d'être.

Un bateau est fait pour naviguer, pas pour rester amarré toute sa vie. Alors, ayez un port d'attache, mais sans y être attaché. Vivez à la fois l'amour et le détachement; vous agirez ainsi en synchronicité avec le principe binaire de la Vie. L'équilibre sera parfait.

Créer

Quoi de plus exaltant que de créer? Nous avons tous une partie de nous qui nous pousse intrinsèquement à créer sous les formes les plus diverses. Ce n'est pas surprenant: ne sommes-nous pas des créatures terrestres?

Un enfant salive devant la page blanche du dessin qu'il s'apprête à faire.

Le compositeur est nourri par la musique qu'il entend des sphères et qu'il transpose sur sa partition.

La femme d'affaires se réalise dans l'entreprise qu'elle bâtit.

Une mère s'accomplit en donnant naissance à un enfant et en le guidant sur la route de la vie.

Le mécanicien est fier d'avoir réparé votre voiture et de vous la rendre en parfait ordre.

Si vous ne voulez pas mourir à petit feu, trouvez ce qui vous allume. Prenez contact avec cette passion en vous, car c'est là que se trouve la clé. Vous créerez ainsi votre bonheur à partir de l'essence de qui vous êtes, intrinsèquement.

Donner

Qui ne connaît pas le fameux dicton: «Demandez et vous recevrez.» Il ne faudrait pas oublier que «donnez et vous recevrez» est tout aussi puissant, sinon plus. La loi du retour fait son œuvre. Donner rend intrinsèquement heureux et l'on peut donner une foule de choses :

- du réconfort à l'âme en peine,
- de la compassion à celui qui est blessé,
- de l'attention à celle qui se sent délaissée,
- du temps à un enfant,
- de l'argent au mendiant,
- de l'écoute à celui qui souffre,
- un sourire à la passante,
- des pensées d'amour aux dirigeants de ce monde,
- ce que l'on n'a pas, ou plutôt ce que l'on pense ne pas avoir,
- de la paix, de la paix, de la paix,
- de l'amour à profusion.

Gagner

N'est-il pas agréable de vaincre ?

Vaincre la maladie.

Atteindre son poids santé.

Réaliser le chiffre d'affaires que l'on s'était fixé comme objectif.

Il ne s'agit pas ici de gagner sur les autres, mais bien de gagner sur soi. Cette sensation est sublime.

Remercier

Pourquoi pensez-vous que les Beaucerons[6] ont autant de succès en affaires ? Ce sont des gens généreux, reconnus pour leur entraide – les fameuses corvées – et pour leur reconnaissance. On donne un morceau de pain à un Beauceron et c'est comme si on lui avait donné la boulangerie au complet ! Il vous remercie pour la terre entière. La Vie leur rend bien cette générosité et ces élans de reconnaissance : ils vivent l'abondance au quotidien. Ils *savent intuitivement* « comment ça marche ».

Quand vous désirez obtenir quelque chose et que vous adressez votre demande à l'Univers, formulez celle-ci en termes de reconnaissance. Cela démontre hors de tout doute que vous *savez* qu'Il y répondra favorablement.

Célébrer

Célébrez l'être fabuleux que vous êtes.

Célébrez le jour qui se lève.

Célébrez la beauté et la richesse de la nature.

Célébrez l'abondance qui se manifeste à vous chaque instant de votre vie.

Célébrez votre corps.

Célébrez l'Amour, célébrez la Vie.

Chantez, dansez, criez de joie, car vous êtes en train de créer votre nouvelle réalité.

Oui, vous êtes le créateur de votre vie, le capitaine du navire, le seul maître à bord. Vous seul décidez de la

---

6. La Beauce est une région située sur la Rive-Sud de Québec en direction des États-Unis.

destination de votre voyage et des aventures que vous vivrez pendant celui-ci. Vous avez même le pouvoir de décider de la nature et de l'intensité de ces aventures.

Et au retour, vous pourrez dire : mission accomplie ! J'ai fait le plus beau voyage, j'ai connu des gens extraordinaires, j'ai vu les plus beaux paysages intérieurs, j'ai vécu des aventures qui m'ont rendu riche et je suis devenu un être meilleur. J'avais tout à apprendre et je suis devenu sage, j'avais des blessures à guérir et je suis devenu un apôtre de la paix, j'étais un enfant et je suis resté enfant.

Me voici revenu à la maison, heureux, comme Ulysse.

Bienvenue chez vous !

C'était un superbe matin de printemps

C'était un superbe matin de printemps. J'embrassai ma reine et sortis de la maison pour me rendre au boulot. Le soleil se levait et les oiseaux me saluaient au passage alors que je déambulais sur la rue pour aller prendre l'autobus. Je m'emplis les poumons de l'énergie du matin, me centrai et élevai mes vibrations en remerciant la Vie pour tant de beauté.

Un bus arrive… ce n'était pas le bon. Je demeurai debout sur le trottoir, heureux. Pendant que les gens montaient dans ce bus, mon regard croisa celui d'un jeune garçon d'environ trois ans, assis à côté de son père sur une banquette à l'arrière du véhicule. Je fis un clin d'œil à l'enfant. Gêné, il se tourna vers son père et lui murmura quelque chose comme :

– Papa, le monsieur m'a fait un clin d'œil.

– Bien, lui répondit sûrement son père, tu peux lui en faire un à ton tour.

Le petit garçon sourit, se tourna vers moi et, avec ses superbes yeux bleus, me fit le plus beau des clins Dieu…

Livres dont il est question dans *Rendez-vous heureux*

ARNTZ, William, CHASSE, Betty, VINCENTE, Mard, *Que sait-on vraiment de la réalité ?* Arianne, Outremont, 2006, 276 p.

CHILDRE, Doc, MARTIN, Howard, *L'intelligence intuitive du cœur*, Arianne, Outremont, 2005, 415 p.

DYER, Wayne W., *Le Pouvoir de l'intention*, ADA, Varennes, 2004.

GOSSELIN, Patrick, *Fils de bourreau*, Éditions La Semaine, Montréal, 2008.

LÉPINE, Monique, GAGNÉ, Harold, *Vivre*, Libre Expression, Montréal, 2009, 272 p.

MANDINO, Og, *Le plus grand miracle du monde*, Un monde différent, 2000.

SAINT-EXUPÉRY, Antoine de, *Le Petit Prince*, Gallimard, Paris, 1943, 104 p.

SPALDING, Baird T., *La vie des Maîtres*, Éditions Robert Laffont, Paris, 1972, 444 p.

WEIL, Andrew, *Le corps médecin*, JC Lattès, Paris, 1997, 415 p.

Achevé d'écrire en décembre 2008

Pour contacter l'auteur : lorne.beaudet@gmail.com

Lire des articles sur le thème du bonheur :
http://lebonheurselonbeaudet.blogspot.com/